高校足球运动教学与系统训练研究

蔡春娣　著

北京工业大学出版社

图书在版编目（CIP）数据

高校足球运动教学与系统训练研究 / 蔡春娣著 . — 北京：北京工业大学出版社，2025.7重印
    ISBN 978-7-5639-7192-3

Ⅰ．①高… Ⅱ．①蔡… Ⅲ．①足球运动—体育教学—教学研究—高等学校②足球运动—运动训练—教学研究—高等学校 Ⅳ．① G843.2

中国版本图书馆 CIP 数据核字（2019）第 273178 号

高校足球运动教学与系统训练研究

著　　者：	蔡春娣
责任编辑：	刘　蕊
封面设计：	点墨轩阁
出版发行：	北京工业大学出版社
	（北京市朝阳区平乐园 100 号　邮编：100124）
	010-67391722（传真）　bgdcbs@sina.com
经销单位：	全国各地新华书店
承印单位：	三河市元兴印务有限公司
开　　本：	710 毫米 ×1000 毫米　1/16
印　　张：	12.75
字　　数：	255 千字
版　　次：	2021 年 10 月第 1 版
印　　次：	2025 年 7 月第 4 次印刷
标准书号：	ISBN 978-7-5639-7192-3
定　　价：	45.00 元

版权所有　翻印必究

（如发现印装质量问题，请寄本社发行部调换 010-67391106）

前　言

　　足球运动作为高校体育教育的重要内容，其运动量适宜，对技术、技能水平有一定的要求，而且兼具娱乐性和竞技性，非常适合高校学生提高身体素质、促进心理健康、为全面素质发展打好基础的体育需要，因此受到我国高校大学生的喜爱。在高校足球运动教学中，应将运动训练与技能教学放在同等重要的位置，以便通过开展足球运动教学训练来培养大学生"健康"的体育意识，帮助其树立"终身体育"的观念，提高身心健康水平，培养全面素质。

　　全书第一章为绪论，主要阐述了足球运动的起源与发展、足球运动的理念与特征和足球运动的现状与趋势等内容；第二章为足球运动的价值探讨，主要阐述了足球运动的生理价值、足球运动的心理价值等内容；第三章为高校足球运动教学与训练理论，主要阐述了高校足球教学的基本理论、高校足球训练的基本理论等内容；第四章为现代高校足球运动的教学设计，主要阐述了足球教学设计基本理论、高校足球教学计划设计、高校足球教学目标与学习内容设计、高校足球的教学评价设计等内容；第五章为高校足球运动技术教学与系统训练，主要阐述了高校足球运动技术的教学、高校足球运动技术的系统训练等内容；第六章为高校足球运动战术教学与系统训练，主要阐述了高校足球运动战术的教学、高校足球运动战术的系统训练等内容；第七章为高校足球运动文化体系的建设与发展，主要阐述了高校足球运动文化内容体系、高校足球活动的组织与开展、促进高校足球运动文化发展的对策等内容；第八章为现代高校足球运动的医疗卫生和营养，主要阐述了高校足球运动疲劳的产生与消除、高校足球运动伤病的预防与处理、高校足球运动的科学营养补充等内容。

　　为了确保研究内容的多元性和丰富性，作者在写作过程中参考了大量的理论和研究文献，在此向涉及的专家学者们表示衷心的感谢。最后，由于作者水平尚有不足之处，加之时间仓促，本书不免会存在不足之处，在此，恳请同行专家和读者朋友批评指正！

目 录

第一章 绪论 ··· 1
 第一节 足球运动的起源与发展 ······················· 1
 第二节 足球运动的理念与特征 ······················· 7
 第三节 足球运动的现状与趋势 ······················ 12

第二章 足球运动的价值探讨 ······························ 27
 第一节 足球运动的生理价值 ························ 27
 第二节 足球运动的心理价值 ························ 37

第三章 高校足球运动教学与训练理论 ··················· 51
 第一节 高校足球教学的基本理论 ·················· 51
 第二节 高校足球训练的基本理论 ·················· 63

第四章 现代高校足球运动的教学设计 ··················· 75
 第一节 足球教学设计基本理论 ····················· 75
 第二节 高校足球教学计划设计 ····················· 83
 第三节 高校足球教学目标与学习内容设计 ······· 87
 第四节 高校足球的教学评价设计 ·················· 89

第五章 高校足球运动技术教学与系统训练 ············· 97
 第一节 高校足球运动技术的教学 ·················· 97
 第二节 高校足球运动技术的系统训练 ············ 108

第六章 高校足球运动战术教学与系统训练 …………………… 121
  第一节 高校足球运动战术的教学 ………………………… 121
  第二节 高校足球运动战术的系统训练 …………………… 130

第七章 高校足球运动文化体系的建设与发展 …………………… 143
  第一节 高校足球运动文化内容体系 ……………………… 143
  第二节 高校足球活动的组织与开展 ……………………… 149
  第三节 促进高校足球运动文化发展的对策 ……………… 162

第八章 现代高校足球运动的医疗卫生和营养 …………………… 167
  第一节 高校足球运动疲劳的产生与消除 ………………… 167
  第二节 高校足球运动伤病的预防与处理 ………………… 175
  第三节 高校足球运动的科学营养补充 …………………… 184

参考文献 ………………………………………………………………… 191

第一章 绪论

足球运动是公认的世界第一运动。在各种体育运动中,足球的影响力是十分巨大的,它可以凝聚一个国家和民族的力量,可以鼓舞人们的精神,可以使不同国家、不同民族、不同肤色、不同信仰的人聚集到一起。在大多数国家,足球都是最受民众欢迎的一项运动。本章分为三节,分别是足球运动的起源和发展、足球运动的理念与特征以及足球运动的现状和发展趋势。主要内容包括国内外足球运动的发展、运动的理念和足球运动的现状等。

第一节 足球运动的起源与发展

一、古代足球

(一)"蹴鞠"的起源

史料中有记载的最早的足球活动便是蹴鞠。战国时期,赵国宰相苏秦奉命前往齐国,商讨共同抵御秦军一事。他在游说齐宣王时说了这样一段话:"临淄甚富而实,其民无不吹竽、鼓瑟、击筑、弹琴、斗鸡、走犬、六博、蹹踘者。"这段话中提到的"蹹踘"其实就是蹴鞠。苏秦这段话被记载到《战国策·齐策》中,这是关于蹴鞠运动最早的记载,同时也是最明确的记载。

关于"蹴鞠"这一叫法,最早是在司马迁的《史记》中出现的,《扁鹊仓公列传》记录的是扁鹊和太仓公两位名医的故事。汉文帝时期的名医淳于意便是太仓公,他发明了中国最早的病历并流传了下来。其中一篇病历中就是太仓公作为一名医生,记录下了一位病人因未遵循医嘱而导致自己死亡的过程。这位病人名叫项处，他因患病求医于太仓公。太仓公诊断出项处患上了一种重病，叫作"牡疝"，嘱咐他要静养，不能过于劳累，否则定会吐血身亡。但是项处并未听从太仓公的医嘱，诊断过后就进行了蹴鞠运动，腰部扭伤受了伤寒，随后吐血。太仓公断定项处不会活过第二天傍晚，果然在第二天傍晚，项处就身亡了。在这篇传记中首次使用了"蹴鞠"这一词，而且还记载了世界上第一位足球迷。此后，在长达两千年的时间中，"蹴鞠"一直是这项中国古代运动的名称。

（二）古代足球的发展

对于我国古代足球而言，发展最兴盛的时期是汉代和唐代，这时的足球运动已经发展成为直接对抗的竞赛。在唐朝时期，蹴鞠使用的球从以往的内部填充毛发的球转变成为能用嘴吹气的球，并且鞠室也被替代，取而代之的是两个球门。到了宋朝时期，蹴鞠出现了新的变化，竞赛可以分成单球门和双球门两种，甚至还出现了圆社以及齐云社等一些球会组织，并且以往用嘴吹气也变成了通过打气筒打气，这和现代足球非常接近。

在汉朝时期，训练士兵时，蹴鞠是非常重要的手段，并且制订的相关体制也比较完善，比如进行了球场的设置，规定球场是东西方向的长方形，每个鞠室由一个人把守。在场地的周围进行围墙的设置。比赛时，所有球员分成两队，互相进攻和防守，胜负由踢进对方鞠室的次数来决定。

蹴鞠在汉朝时期就已经开始流行，在唐宋时期这项运动就达到了高潮，甚至以场上的位置为依据进行分工踢球。早在唐朝时期，蹴鞠就已经出现了很多种活动方式，如打鞠、白打、跃鞠等。打鞠是以颠球次数为内容的比赛；白打是在场地中间挂上网，两人对踢；跃鞠是多人参与，努力拼抢。此外，还有设立球门的比赛。在这些活动方式中，每个队伍的人数以及队员的位置都是固定的，要求队员只能在自己的位置上踢球，不能随意更改和移动。

虽然在唐朝和宋朝时，这种运动就已经非常流行了，并且在宫廷中也是一项相对高雅的运动。但是，中国长期处于封建社会，而且社会体制也十分局限，因此中国古代的蹴鞠运动没有发展成为现代足球运动。现代足球运动性质的改变是在资本主义国家英国进行的。早在1958年，国际足联前任主席阿维兰热就曾表示，中国是足球的起源地，但是直到2004年7月国际足联才正式确认足球的起源地是中国。

二、现代足球

（一）现代足球的起源

现代足球的起源地是英国。在 11 世纪左右，足球通过亚欧大陆传到了英国，为现代足球的出现奠定了基础。在早期，足球发展的路线有民间足球和公学足球两条。在英国，其民间足球能够追溯到 12 世纪，最开始参与足球运动的仅仅是上层阶级，后来小商业主以及学生也逐渐开始参与足球运动。足球运动的传播速度非常快，在很短的时间内便传播到了乡镇以及众多村落中，并且逐渐和传统节日与宗教仪式相结合。16 世纪以后，欧洲的德国、荷兰等国家的民间也相继出现了足球。但是这个时候的民间足球运动并没有相关的规定，比赛时也没有规定场地的大小。

公学足球想要更好的发展，其依托的是公立学校。在这个过程中，现代足球运动的先驱是学生，这些学生受到的教育比较出色，素质也比较高，在足球场上会注意自己的行为，很多足球行为规范都是在公立学校中产生的。这种情况的存在也改变了以往场上没有秩序非常凶悍的球风，从而给现代足球的诞生奠定了良好的基础。比如，1848 年诞生的足球运动中第一个文字形式的规则——《剑桥规则》，就是剑桥和牛津比赛时制订的一系列规则。比赛时，每队有 11 个人，规定人数是 11 人，是因为当时学校里每个宿舍中，住了 10 个学生以及一个教师，所以，往往是以宿舍为单位来进行比赛的，现在进行的 11 人制足球赛也是那个时候诞生的。

1863 年 10 月 26 日，在英国召开了足球会议，制订了相关的规则，并组织了机构进行管理，这也标志着现代足球运动的诞生，给现代足球带来了很大的影响。但是当时草拟的比赛规程中的很多条文与现在的比赛规则有很大的不同。例如，当时球无论是从门柱之间进入还是从上面穿过，无关高度，只要不是击打或者手扔进去的，都算是进一个球。当时的球员位置以及阵型和现代的也存在较大差别，当时每队中有一个后卫、一个守门员、一个前卫以及八个前锋。在这个规定制订后不久，阵形也发生了一定的变化，由一个守门员、两名后卫、五名前锋以及三名前卫队员组成，共 11 名队员上场比赛。

在提到现代足球诞生时，必须提到查尔斯·阿尔科克。他毕业于哈罗公学，是英国足协的首位秘书长，他确立和修订了相关的足球比赛规则，还创立了世界上第一个正式比赛，这便是英足总杯赛。

（二）现代足球产生的社会背景

根据马斯洛的相关需求理论，当人们的第一层次需求得到满足时，就会追求更高层次的需求。足球运动的产生也与更高层次的需求密切相关。人们的物质需求得到满足后就会更加重视精神方面的需求，这给足球运动的产生奠定了良好基础。

18—19世纪中期，欧洲的阶级分化比较严重，资产阶级和地主之间的矛盾愈加尖锐，其斗争也逐步进入体育项目中，这对民间足球的发展造成了严重的影响。英国进行工业革命之后，城市化和工业化发展速度在不断加快，并且逐渐出现中产阶级。在19世纪，英国对公学教育进行了改革，这在一定程度上推动了英式足球的出现。从这个层面来讲的话，现代足球是起源于英国的，而且这也是历史发展的必然结果。

19世纪中叶以后，英国的城市化进程和工业化速度持续加快。因此，越来越多的农村人从农村进入城市，此时，英国一半以上的人口进入了城市，英国已经逐步实现了城市化。随着生产技术的发展和经济变革的进行，人们之间的联系也愈加便捷，以往封闭的社会也慢慢开放。人们的生活质量有了明显的提高，工作的时间在不断减少，平时剩余的时间越来越多。在人们满足了自身的物质需求后，便会继续追求更高层次的需求，文化层面以及精神上的需求也逐步出现。越来越多的人选择参与或者观看体育运动，以使自己的生活变得更加丰富多彩。足球运动本身就是一项新的体育运动，其能够将人们的进取、竞争以及合作很好地反映出来，所以足球的兴起也成了社会发展的必然。

（三）足球俱乐部的产生与发展

足球俱乐部最早也是在英国起源的，公学足球以及民间足球游戏也让很多热爱足球的组织相互结合，从而诞生了俱乐部。在1862年出现了诺丁汉郡俱乐部，这是最早的足球俱乐部。此时，俱乐部的成员大多数是公学中的学生，比如剑桥大学和牛津大学等。从这方面而言，可以说足球俱乐部起源于19世纪的英国公学。伴随着工业革命的推进，工人阶级的收入也不断提高，出现了越来越多的中产阶级和一大批的观众，其中特别是学生，学生的接触面比较广泛，而且本身思维活跃、想法激进。他们不仅将足球传给了国外的留学生，还传播还给了工人阶层和军人。此外，英国在海外进行大面积的殖民扩张，逐渐将足球带到了世界各地。在英国以外的足球运动的发展速度也十分迅速，也先后成立了很多足球俱乐部。足球俱乐部也随着足球职业化的发展得到了一定程度的推广。在发展早期，足球俱乐部的娱乐性质比较明显，简单来说就是爱好相同的人群的聚集。俱乐部自身会不定期地组织足球比赛，以进行自我调节。这种情况在现代足球诞生十年以后得到了一定的改观。1872年，英国举办了第一届足总杯，这是世界上第一个有组织的足球比赛。这届比赛采取的是连续淘汰制。从此以后，逐步出现了足球联赛。

通过上面的分析，可以说早期的足球俱乐部并不是现在真正意义上的俱乐部。1885年以后，英国足协迫于现实压力宣布了职业球员的合法化。接下来也有很多国家宣布了职业球员的合法化。这也逐步推动了足球这项运动的职业化。足球运动职业化后，有人通过踢足球赚钱，有人为了看球买票付钱，围绕足球逐步衍生出了一些产业。此后的足球俱乐部才逐渐发展成为真正意义上的俱乐部。

19世纪末以前，英国的足球俱乐部还是健身性、娱乐性以及业余化明显的组织。到了19世纪末期，足球俱乐部逐步出现了商业化的倾向。到了20世纪初期，绝大多数的俱乐部都逐步成为将经济利益放在首位的股份制商业组织。但是，足球产业化的早期发展相对简单，而且处在尝试性运作阶段。各个俱乐部开始尝试进行比赛的宣传，并且逐步地出现了和足球有关的一些产业，并且最重要的是，足球推动了商业的发展，很多广告都和足球运动结合在了一起，逐步形成了新的足球运动概念。同时，传媒业对足球产业化发展产生了重大的影响。如果没有传媒业的介入，现代足球产业化进程也不会发展得如此迅速。

早在1927年，英国BBC广播公司就直播报道了足球比赛，后来，足球比赛也进入电视中。等到20世纪50年代，电视媒体已经较为全面地介入足球运动中，这也对足球运动发展起到了很大的推动作用。

（四）国际足球联合会的成立

英格兰足球协会的成立推动了欧洲等国家的足球运动的发展。荷兰、阿根廷等国家出现了一些足球组织，后来西班牙也成立了足球协会。这些足球组织和协会的发展为国际性足球组织的建立创造了有利条件。

1904年5月21日，国际足球协会联合会（以下简称国际足联）在法国巴黎正式成立，法国等七个国家的代表在相关文件上签了字。在5月23日，国际足联举行了第一次选举，选举出了第一任主席——罗伯特·格林。在此次选举也制定了第一个条例，条例包括：国际足联的各个成员国之间相互承认；每个成员国必须支付每年50法郎的费用，等等。1905年4月，英格兰足球协会正式加入国际足联。在 1909 年以前，只有欧洲国家的足球协会才能加入国际足联。在 1909 年之后，国际足联开始接纳其他洲的足球协会。1910 年，南非加入国际足联，成为第一个非欧洲成员组织。随后，1912 年智利和阿根廷加入了国际足联；1913 年美国也加入了国际足联。中国于 1931 年参加了该联合会。从此，国际足联逐渐开始在世界范围内进行交流，这为其发展壮大奠定了基础，逐渐发展成为最具影响力的国际单项体育组织。

现代足球运动国际化发展的历程中，有一位十分重要的人物——阿维兰热。阿维兰热是国际足联的第七任主席。他认为，足球运动不仅仅是为了竞技，更应该注重运用新的技术和方法使足球的发展水平不断提高，促进足球新时代的到来。阿维兰热上任之后便大刀阔斧地进行改革，逐渐将国际足联变成了一个充满激情与活力的机构。1974 年在苏黎世总部附近成立了一个十二人的工作小组，该小组全权负责与国际足联改革相关的事务。现在，这里有超过一百二十名雇员在为国际足联工作。伴随着世界的快速发展，足球不仅仅在体育运动中确立了第一大运动的地位，也在政治、商业以及社会等方面逐渐繁荣了起来。实践证明，足球运动具有一种魔力，可以对所有的国家、民族和地区产生影响。现如今，世界上很多人都把足球作为自己的主要运动。在娱乐产业中，足球也是其很大的组成部分。此外，足球也在不断地开拓自身市场和其他产业的国际市场。

国际足联的创立，标志着足球作为一项世界性的体育运动登上了世界的舞台。国际足联的总部设在瑞士苏黎世。它的宗旨是促进国际足球运动的发展，发展各足球协会之间的友好联系。世界足球运动的最高权力机构就是国际足联，代表大会是国际足联的最高权力机构，每两年举行一次。只有代表大会才可以修改相关的章程和规则，而且这些决议是在代表大会通过三个月之后才生效。国际足联下设有裁判委员会、纪律委员会等十五个专门委员会和秘书处。

国际足联的主席也是由代表大会选出的，任期为四年，可以连选连任，是国际足联的最高领导人。至今为止，一共选举出了 9 任国际足联主席。其中第一任主席罗伯特·格林引导和创建了国际足联；第二任主席丹尼尔·伯利·伍尔福尔为足球竞赛规则的统一做出了重要贡献；第三任主席米尔斯·雷米特组织了十届世界杯足球比赛，并且在离任后被任命为国际足联的第一任名誉主席；第七任主席阿维兰热是首位非欧洲籍主席；现任主席是意大利裔瑞士人詹尼·因凡蒂诺，他是历史上最年轻的国际足联主席。

此外，国际足联的主要领导人是秘书长，他承担的任务烦琐、责任十分重大。他主要是在各个国家的足球协会之间、洲际足球组织之间以及各工作委员会之间承担相互联系的纽带作用。同时，他还对执行委员会负责，实施执行委员会的具体决议，并且每两年提交一份活动报告。

第二节　足球运动的理念与特征

一、足球运动的理念

足球运动的理念是"以球为中心，以集体对抗为灵魂"。足球比赛由攻和守这对矛盾组成。在攻守矛盾的内因驱使下，对阵双方凭借球员的个人竞技能力和球队的团队竞技能力去争夺对球的控制权，以冲破对方球门，从而赢得比赛。因此，可以说足球比赛的本质就是对阵双方的"球权"争夺战。俗话说："比赛是训练的一面镜子。"在比赛本质矛盾的引领下，应该在训练过程中也将足球比赛对阵双方争夺"球权"的精髓贯彻到底。无论是在比赛中还是在训练中，这一足球运动理念在2018年的俄罗斯世界杯上的体现尤为明显。从比赛过程来看，控球率高、传球次数多、团队配合度高的球队的获胜率更高。从进攻上来看，参赛队大胆投入兵力，快速跟进，全攻全守。从防守方来看，快速回防，及时围抢，缩小对方的进攻空间，稳固防守，形成局部人数优势。本届世界杯的亚军克罗地亚7场比赛总传球次数3819次，为最多球队，场均5455次，也居32强之首，其控球率也达到56.91%。可以说，这届世界杯的参赛球队把"以球为中心、以集体对抗为灵魂"的足球理念灌输给了每一位球员。由此可见，这一足球运动理念应该作为各种球队的根本性指导，在比赛和训练中得到全面贯彻和执行。

二、足球的训练理念

足球的训练理念是对现代足球的发展趋势、技术技巧、比赛经验等方面进行筛选、研究的一种理论。这种理论需要经过认识、观察、思考、实践等一系列的过程才可以形成，它具有原则性、高度的概括性和一定的方向性。在现实的足球训练中要遵守这些条例和原则，便是足球训练理念指导足球训练的过程。在人类竞技体育的发展过程中，足球运动的发展还是相对落后的，世界上不计其数的事例都在反复体现这样一个事实：训练理念的落后必然会导致运动成绩的落后。这种现象在中国体现得尤为明显。因此，中国的足球运动要想不断地创新、发展，有效地提高技战术水平和球员的个人能力，就必须构建出一种先进的足球训练理念，这也是提升中国足球竞技水平的根本出路。下面简单分析一下几个世界足球强国的训练理念。

（一）荷兰足球的训练理念

荷兰足球从 20 世纪 70 年代后一直坚持全攻全守的全面型足球训练理念。主要观点是：青少年要发展位置技术，但不要过早地固定位置；足球运动员要全面发展，重视发展特长技术、提高技术水平。在荷兰，一般从 6 岁开始，进行 4 对 4、7 对 7、11 对 11 的训练。荷兰培养出了范巴斯腾、古利特、里杰卡尔德、博格坎普、维茨格、罗伊等著名球员。

（二）德国足球的训练理念

德国足球重视整体和体能，不特别突出个人，讲究整体战术，重视空间争夺。在比赛中传切配合简练、快速，进攻的侵略性强，作风硬朗，从而弥补了技术上的不足。德国足球队虽然没有特别突出的队员，但男子足球队曾四次夺得世界杯冠军，女子足球队曾夺得两次世界杯冠军和一次奥运会冠军。德国也是世界上唯一一个包揽男女足世界杯冠军的国家。

（三）英国足球的训练理念

英国一直坚持的是简单足球理念，认为足球运动的核心是攻守平衡问题。其训练有几个特点，在体能训练方面，英国足球侧重适应足球特点的跑动能力训练，重视耐力与力量的训练；在技术训练方面，青少年球员侧重训练技术，而成年学员侧重训练技术的应用；在战术训练方面，训练十分细致，4-4-2 阵型是英国足球的基本阵型。英国培养出了贝克汉姆、欧文、鲁尼等球员，英格兰国家足球队也获得过一次世界冠军。

（四）巴西足球的训练理念

在巴西，足球是运动，更是文化，几乎人人都是球迷。巴西的足球训练是从 4 个方面进行的，分别是：战术、技术、身体、心理。其中训练的中心环节是战术训练。巴西足球竞技如此强大，其威力并不在于阵型，而是每个球员都可以在最狭窄的区域里或者被步步紧逼的情况下熟练地控制球。巴西足球队曾经获得过五次世界杯冠军，培养了罗纳尔多、罗马尼奥、内马尔等众多实力球员。

三、足球训练理念的特点

（一）个体性

个人的价值观、人生观等因素都可以在一定程度上影响足球训练理念形成的过程、路径以及内容等。因此，足球训练理念表达受各方面个人因素的影响，这些因素包括：怎样构建训练体验体系和知识结构体系，个人对足球运动的认知，个人的思维方式、思维能力以及看待问题的角度，甚至包括个人的语言风格。所以，足球的训练理念具有个体性的特点，也就是说每个人都可能有一种独特的训练理念。

（二）客观性

足球训练理念指向的对象是客观的，指向对象既包括足球这项运动项目本身，又包括足球运动的价值以及实现其价值的途径。足球运动本身的理念是足球这项运动的本质和规律都是什么，如现代足球的竞赛特点、发展规律以及发展趋势等。足球运动的价值理念是人们的价值观的反映。实现其价值途径的理念是如何实现竞技足球训练这个问题。因此，足球训练的理念具有客观性的特点。

（三）稳定性

足球的训练理念是十分确信的判断和看法，需要很长的一段时间才可以形成，同时它也影响着与其相关的其他看法和认识，而且在一定的时期或者说特别长的时间内都不会轻易发生改变。例如，荷兰的"小场地训练、大场地比赛"的足球训练理念一直持续了几十年都没有改变；我国足球训练理念的落后从新中国成立延续到了现在。

（四）全面性

足球训练理念是对足球全方位的根本性判断和看法，不仅仅包括足球运动的社会功能、特点以及本质，还包括足球运动的规律、发展的趋势、训练以及管理规律等。此外，也包括球员的特点、训练以及比赛的各种各样的环境等等。因此，足球训练理念具有一定的全面性，而枝节性的看法、浅层次的认识等通常情况下不应该称为训练理念。

（五）导向性

人们最开始的认识经过实践之后便产生了理论，理念的发展又使理论更加完善与丰富。因此，理念是人们从事各种理论研究以及时间的导航，是人们各种行为活动的指南，必然会具有一定的导向性。足球训练的理念也不例外，也具有一定的导向性。

四、足球运动的特征

（一）集体协作性

在每一场足球比赛中，每个球队都有 11 位球员上场，这 11 位球员要做到行动一致、思想统一，在进攻或者防守时要具有深刻的团队协作意识，只有这样球队的作战能力才能发挥出来，才可以表现出一加一大于二的整体特点。但是，足球比赛中队员的位置分工和配合线路比较多，身体接触球的部位也比较多，这些都增加了球队集体协作的难度。

（二）个人能力的综合性

首先，个人能力是足球运动的基础。在足球比赛中，虽然需要参赛球员之间相互合作、以整体的形式进行比赛，但是一个球队的整体作战能力是以每个球员的个人能力为基础的。

其次，个人能力要与集体技战术有机结合。球队中队员的个人能力都十分突出，但是队员间的配合十分不好，只注重个人能力的展示，不结合其他队员制订战术，那么整个队伍在比赛中就是一盘散沙，很容易就能被其他球队击败。因此，比赛中，上场队员的个人能力一定要与集体的技术和战术有机结合起来，这样个人的能力才能最大程度地发挥出来，球队的作战能力才会大大增加，最终赢得比赛。

最后，独特的个性特征和个人竞技能力也是十分重要的。大量实践证明，球员独特的个性特征为他们掌握竞技技能并且将这些技能准确、稳定地发挥出来提供了非常必要的心理条件，在一定程度上影响着球员运动成绩的进一步提高。独特的竞技能力可以说是球员在赛场上的取得胜利的武器，对比赛的结果以及球队整体实力的提高有着十分重要的影响。

（三）对抗的特殊性

足球运动竞争激烈，是一项对抗性的运动项目。从对战双方球员的一对一对抗到两三人之间的局部对抗，再到两个球队之间的整体对抗；从无球到有球的对抗、从空中到地面的对抗，甚至本队的压力、对手以及环境的压力都有可能对简单动作中的"对抗"产生影响，这些都可以体现出对抗的特殊性。

（四）技战术体能的专项性

足球运动的技战术能力以及体能都具有专项化的特点。足球运动是一项对抗激烈的运动，对于体能的消耗比较大。因此，足球运动员在提高技战术能力的同时也要注重体能的提高，而且要注意的是体能的训练一定要战术化、技术化，并且要进行阶段性训练。

（五）比赛情境的不可重复性

在足球比赛中，上场队员的人数比较多，队员之间的配合十分复杂，对抗特殊，所以足球比赛的情境是最不能轻易再现的，更是不能真实地还原比赛情景的。此外，球员以及球队的训练水平也无法等同于比赛水平。因此，足球比赛的情境具有不可重复性。

（六）对抗中的准确性

在足球这项运动中，球员的战术思维和完成技术的动作都必须准确。球队的队员之间的战术配合思维也要准确，全部技战术完成的准确性最终必须在射门的精准性方面有所体现。这不仅是足球运动对抗准确性的起点，也是对抗准确性的归宿。

第三节 足球运动的现状与趋势

一、足球运动的发展现状

（一）足球运动流派

1. 欧洲力量型打法

此流派的典型代表是英国和德国，在比赛中具有明显的特征，强调队员的身体素质。队员身材高大，技、战术运用十分简练，拼抢十分凶狠，其攻防速度迅速，转换节奏快，无论长传、短传、跑动、突破、射门都突出狠和快，惯用"四四二""五三二"和"三五二"阵形，破门有方，气势逼人，以速度和力量见长，且这一打法容易被接受，故东欧和北欧一些国家大都采用这种打法。

2. 南美技术型打法

这种打法主要以巴西、阿根廷和乌拉圭等国为最精。南美人的球员身体情况不如欧洲人，然而他们的协调性和柔韧性相当好，在掌握足球技术上充分显示了这一优点。他们讲究个人技术，脚下功夫细腻娴熟，控球能力强，传球落点准确，两三人的传切配合流畅，尤其是在阵地战的打法上有独到之处，这一打法也逐渐被亚洲人运用。

3. 欧洲拉丁型打法

这种打法既讲究个人技术，又能体现欧洲人的性格，在其浪漫主义思想指导下，他们选择了力量型和技术型相结合的打法。此种打法的主要特点是比赛讲究阵式排定，攻守转换快和慢的节奏分明，运用时恰到好处，尤其是对中场队员要求较高，法国、西班牙就是这一打法的典型代表。这一打法已逐渐成为欧洲力量型流派的追随者，将成为国际足坛流行派。

4. 全攻全守型打法

这种打法是由荷兰队创立的，意大利、比利时等国都将这种打法运用于本队。全攻全守型打法对球员的要求较高，无论在技术、战术上都应表现出整体观念，进攻时全线压上，大幅度的交叉换位，气势宏伟，咄咄逼人，防守时全队撤回，扩大队员防守的职责范围，处处设关设卡，做到无空子可钻。

5. 核战术打法

所谓核战术打法是克鲁伊夫在带队实战中所创的。他带队以8∶0战胜德国的拜仁慕尼黑队以后得以冠名。这种打法无固定阵式，队员一拿球，就有4～5名队员在不同角度范围形成一个保护网，护送式地组织进攻，以控制球的人和球为核心，力争做到抢到球后不轻易丢失，但这种打法没有得以大范围应用。

（二）足球发展史的三次革命

1. 1953年匈牙利突破"WM"式传统打法

这次变革是由匈牙利人领导的。在1953年的比赛中，匈牙利人运用四前锋制战胜了当时的足球王国英国队，并且在第五届世界杯比赛中击败了大部分世界强队，进球数也创下了新的纪录，轰动了整个世界足坛。这种阵型开创了以进攻为主的先河，有力地推动了当时世界足球运动的发展。

2. 1958年巴西创造"4-2-4"阵型

1958年，巴西人在足球运动的技术和技巧上有了新的发展，创造了"4-2-4"阵型，使巴西足球队在三届世界杯比赛中获得了胜利。这种阵型的进攻和防守都趋于平衡，与现代足球的"全攻全守"式打法相适应，因此很快便被广泛采用到世界各地，从此，"WM"式打法被彻底抛弃。在此之后，又出现了"4-3-3"式打法及其变体，但这些打法的基本特点都与"4-2-4"式打法基本相同，只是在力量分配上偏重于防守。

3. 1974年出现全攻全守打法

在1974年的第十届世界足球锦标赛上出现了一种总体型打法，这种打法以荷兰、波兰等国为代表。这种打法的阵型只有在比赛开始前队员的站位中才能看得出来，而在比赛开始之后，阵型就因"全攻全守"的打法而难以辨认。这种打法打破了足球运动中严格的位置分工，每个队员都相对自由，既可以进攻又可以防守，而且攻守之间相互包含、转换快速、战术灵活多变、难以琢磨，体现了技术、战术以及身体素质等方面的全面发展，因此这种阵型被人们誉为足球运动历史上的第三次革命。

（三）世界足球运动发展现状

1. 战术打法多样

对于每一个球员来说，赢得比赛的胜利、吸引更多的观众和球迷都能真正体现自身的价值。足球世界杯是高水平的世界性足球大赛，在这样的大赛中各个参赛国家都各显神通，运用科学的比赛战略以及先进的打法理念，以取得胜利或者争取优势，而且不同国家的打法理念都有所不同，呈现出了多样化的特点。例如，西班牙采取整体控制球的打法，巴西是防守严密、桑巴式进攻，德国采取整体攻防的战术。

2. 比赛特征突出

现在，足球运动的对抗性越来越激烈，这从足球比赛猛烈的争夺与竞争中就能体现出来。随着竞争的日渐激烈，足球比赛中也出现了一些变化。

一是对战双方球员攻防的侵略性变得更强；二是足球运动员的攻守技能实现了全能化，并且可以更加精准、细致、高效地使用进攻和防守的技战术；三是比赛中进攻和防守的节奏逐渐加快，需要球员能够运用准确、连贯的动作在极短的时间内对球进行处理；四是足球运动员的奔跑速度和身体素质都有了显著提高；五是足球守门员在保护球门时采用全身封挡的技术，以达到不失球、不让对方进球的最终目的。

结合以上变化，可以总结出现在世界足球比赛具有高智能、高技能、高体能、强对抗性和整体性的特点。与此同时，从众多的足球比赛来看，现在的球队队员之间越来越团结，相互配合的意识以及协作能力也日益提高，而且球员的心理素质也越来越好，可以有效克服各种因素对自己的干扰。

3. 阵型攻守平衡

现在，"4-2-3-1"双后"腰"的阵型打法被很多的世界高水平球队接受和运用。这种打法不仅有利于保持攻守平衡，还有利于在整体攻守中保持队形，而且这种打法的变化性以及灵活性都十分强大，可以很好地实现球队的整体打法。

4. 亚非足球崛起

在近几届世界杯中，亚非足球的表现让人惊喜又意外，其进步也令世界瞩目。实际上，亚非球队的整体实力也令欧美的足球强国十分惊讶，一些亚洲的优秀球员的水平已经跻身世界一流，无论是体能还是技能，都与欧美的优秀球员不相上下。亚洲的日本、韩国、伊朗等国家的足球在不断地崛起，但是相比之下中国的足球还十分落后，与这些国家存在一定的差距，即便如此，亚洲足球依然还是有很大的希望的。

（四）中国足球运动发展现状

1. 竞技足球的现状

（1）职业足球俱乐部的现状

首先是关于俱乐部产权结构形态的现状。中国足球俱乐部的产权结构是多种形式的，其中常见的几种形式包括政府所有、企业所有、政府与企业共同所有、政府与企业参股所有等。在中国，政府持有全部产权和部分产权的俱乐部占俱乐部总数的70%。因此，中国职业足球的发展与政府有着密不可分的联系。中国俱乐部发展的资本主要来源于企业，这些企业既包括国有企业又包括私有企业，但是国有企业资本占的比重比较大。政府主要对职业足球俱乐部进行非现金投入，企业一般是投入现金资本，双方会签订合作协议，对俱乐部进行共同的经营和管理。现在中国足球俱乐部的组建形式基本以股份制为主。

其次是关于俱乐部的经营状况和效益。中国职业足球俱乐部的主要收入来源包括球队的冠名权、场地广告、门票、球迷产品的开发、商业赛事等。其中，占比最大的是球队的冠名权和场地广告的收入，其他的收入来源所占比重相对比较小。俱乐部的费用支出中教练和球员的薪酬费用所占比重较大。

虽然我国的足球市场价值具有巨大潜力，但是想要从中挖掘巨大的利润还是有一定的困难的。总而言之，中国的职业足球俱乐部一直亏损的主要原因就是俱乐部的发展缺乏一个合适且良好的大环境。

最后是俱乐部的管理状况。在中国，大多数的甲级足球俱乐部都已经注册了公司，拥有独立法人资格，并且对俱乐部机构的设置是按照公司制来进行的，首先成立董事会，然后由董事会聘任总经理，最终由总经理管理俱乐部的事务。但是我国可以单独进行市场运作的俱乐部其实并不多，而在俱乐部内部在经营和管理上都存在一些分歧，所以导致了俱乐部不能正常运作。

（2）职业足球联赛开展现状

在1956年，中国职业足球联赛开始运行，主要分为甲级和乙级联赛，实行升降级制度。1994年，中国队足球联赛进行了职业化改革，举办全国足球甲

A 联是这次改革的标志。1999年之后，足球甲A联赛发展迅速，中国足球运动的成绩也一直在提高，但是，因为一些不光彩的事件，我国足球的声誉受到了严重损害。

在我国，不仅仅足球队的比赛成绩不佳，职业足球的发展也十分落后，面临很多问题，主要问题是：中国目前的职业足球市场还不规范，频频出现矛盾，俱乐部的管理不够完善，时常出现罢赛、退赛的情况，教练员与运动员之间不断发生冲突，还频频爆出关于职业足球运动员的负面新闻。因此，有一部分观众和球迷已经对足球联赛失去了热情，丧失了信心。

中国的职业足球俱乐部不仅有许多大牌球星的加盟，而且也对球队给予了巨大的资金投入。但即便如此，仍然无法改变我国职业足球比赛发展滞后的状况，这些都对足球联赛的市场化发展造成了严重影响，并且引起了社会的强烈不满。

国家有关部门高度重视我国足球运动的现状，积极地采取了一系列措施来整顿现在的足球市场，改善足球市场的混乱现象。总而言之，国家相关部门以及领导正在为改变中国足球运动的现状做出努力。

（2）俱乐部发展中面临的问题

中国的职业足球俱乐部的发展还不够完善，在发展过程中还会面临很多问题，只有正确解决这些问题，俱乐部的发展才会越来越成熟。

第一，深化体制改革。将足球更好地推向市场、使之逐渐走向繁荣的最根本的问题就是体制改革，这也是足球向职业化、市场化发展的必经之路。中国职业足球俱乐部是在计划经济与市场经济的双重体制环境下产生的，起步形式是双轨制，目前足球俱乐部的发展仍然处在初级阶段，而且还存在很多问题，因此，现在十分需要进一步深化足球体制的改革，使足球俱乐部朝市场经济的方向发展。要求足球俱乐部必须有经营能力与项目以及十分明确的机构与场所，可以承担民事责任，采取出资者所有权和法人财产权分离的制度，而且还要建立资本金及资产经营责任制度，使职业足球俱乐部成为真正的具有独立法人资格的经济实体。俱乐部的运行要以市场法则和规范为依据，使俱乐部在竞争中持续发展、不断前进。

第二，划清产权界限。清晰、明确的产权关系是俱乐部正常运行的基本条件，对俱乐部起着激励、规范的作用。我国的职业足球俱乐部基本都是在联办、共建模式下发展的，产权关系一直比较模糊，各个投资方在俱乐部中都有一定的权力和利益，容易出现根据自身立场使用不同权利的情况，导致俱乐部在运行过程中出现各种各样的问题。因此，职业足球俱乐部应该划清产权界限。这不仅要求对俱乐部的体制进行改革,还要改变俱乐部注重形式和集资的功能,改变其忽视通过市场对资源进行配置、忽视转换运行机制的现象。

第三,改善经营环节。职业足球俱乐部是经营性的企业,应该在经济利润方面追求最大化。经营意识和经营水平的高低与俱乐部的生存有着直接关系。俱乐部为了取得优异的经济效益,就必须坚持以市场为导向,最大程度地满足消费的需要,只有这样俱乐部才可以持续发展。因此,俱乐部必须要改善经营环节,突出自己的本体产业,不断增强自己的造血功能,按照市场的供求规律扩展经营渠道及空间,挖掘经营潜力,形成经营体系,而且要注重自有资产的支配、使用和运作,注重投入与产出的效益。俱乐部要想在激烈的市场竞争中生存和发展,就一定要做到以市场规律为准则,以市场需求为战略,不断提高经营水平,降低运行成本,为消费者提供相关的服务。

第四,强化教育思想。职业足球俱乐部是通过职业球员向社会提供竞赛服务的机构。这些球员都是经过长期运动训练的,在训练中对球员有着重要影响的就是思想教育。在队伍中建立党组织,强化思想教育,培养职业道德素质,不仅仅是球员迈向竞技巅峰的保证,也是球员成为一名合格的社会人的基本保证。强化思想教育需要充分发挥党员或团员的模范作用,注重球员精神上的激励,增强球员的服务意识、手法意识,培养球员的敬业精神,提高球员的自律能力,从而使球员养成正确的行为规范,形成良好的队风。与此同时,还要在俱乐部倡导企业文化,培养独具特色的企业精神,为球员创造一个良好的环境,以增强团队的凝聚力。俱乐部的管理者要发扬民主,根据实际情况改进工作的方式方法,做到将思想教育及道德培养融入整个管理过程中。

第五,完善法制建设。职业足球俱乐部是市场经济发展的产物,而市场经济的实质是法制经济,因此,我国俱乐部必须实行法制化的管理。目前,我国的俱乐部还在起步阶段,规范化程度还比较低,相关法律也不够完善,法制建设明显落后于发展要求,所以,当务之急就是建立起一套完善的法律法规体系。只有建立必要的约束和监督制度,坚持依法行事,才能使俱乐部有序运转,才能进一步推进足球职业化改革。

第六,发挥政府职能。在我国的职业足球俱乐部的发展中,政府起到了不可或缺的积极作用,推进了俱乐部体制的形成。政府应该充分发挥其职能,在政策上可以给予俱乐部一定的优惠,为俱乐部的发展创造有利的条件,还可以充分发挥市场机制的调节功能,使俱乐部良好运行、健康发展。但是在管理上要实行间接管理,利用市场进行宏观调控,不参与俱乐部的具体事务。政府管理要做到的是消除市场给俱乐部带来的消极影响，完善相关的市场体系，增强市场的协调能力，监督不法行为，保证市场秩序。

2. 群众足球的现状

（1）群众足球参与者

第一，参与者的年龄结构。经调查，年龄在 35 岁以下的青壮年参与者占群众足球参与者的 80.3%，其中年龄在 25～30 岁之间的参与者占比最大。青壮年的身体素质比较好，精力充沛，喜欢竞争，所以会比较喜欢足球运动。年龄在 35 岁以上的参与者只占 19.7%，而其中年龄在 45 岁以上的参与者仅仅占比 1.2%。中年人的身体素质处在下降趋势，健康危机感逐渐增强，体力、精力等也远远比不上青壮年，但即便如此，在参与者中中年人也占有了一定的比例。

第二，参与者的参与动机。人们参与一项运动都是有一定的动机的，动机也是人们参与运动的前进动力。足球运动的参与者也不例外，而且调查发现足球运动参与者的动机是多元化的。从调查数据来看，大多数的参与者都是为了增强体质或者满足自身的兴趣爱好，还有很多参与者是为了调节不良情绪、缓解生活压力，一部分参与者参与足球运动是为了结交朋友、提高自己的社会适应能力。总而言之，群众参与足球运动的动机具有多元化的特点。

第三，参与者的职业分布。时间是群众参与任何体育活动都必须具备的一个基本条件。是否有时间参与足球活动，主要是看个人的职业是否有余暇时间。

根据调查数据显示（表 1-1），群众足球活动参与者的职业分布中占比相对较大的是学生、教师和公务员。除此之外，自由职业者、私营企业主、个体老板、企业员工也占有一定的比例，这些人群的自由时间相对较多，节假日一般都会有休息时间，所以会有时间参与足球运动。相对来说，医护人员、司机等人群的休息时间比较少，而且时间也不固定，所以可以参与足球运动的时间也无法得到保障，参与足球运动的机会也会相对减少。

表 1-1 群众参与者的职业分布情况

职业	比例
学生	20.36%
教师	18.56%
公务员	13.77%
自由职业者	11.98%

续表

职业	比例
私营企业主、个体老板	11.38%
企业员工	10.18%
其他职业	13.77%

第四，参与者的收入情况。参与足球运动需要购买一些相关的运动装备或者租赁运动场地等，所以，参与者除了有充足的时间和精力以外，还需要有一定的经济基础。因此，参与者的收入会对足球运动的开展造成一定的影响。

一个国家的社会经济水平会在群众体育活动的投入上有直接反映，投入得越多，参与体育运动的人口就会越多。根据调查数据显示（表1-2），群众参与者中中等收入以上的人群所占比例比较大，因为他们已经有了一定的经济基础，生活基本得到了保障，所以开始丰富自己的精神世界，开始注重身体健康，因此，会比较积极地参与足球运动。

表1-2 群众参与者的收入情况调查

月收入	比例
1000元以下	10.78%
1000～2000	13.17%
2000～3000	38.32%
3000～4000	23.36%
4000元以上	14.37%

第五，参与者的踢球频率。经常参加足球运动可以保持良好的健康状态以及竞技状态，同时还能提高自身的技术水平。群众参与者的踢球频率与自身的职业有着紧密的联系。闲暇时间越多，兴趣越高，参与足球运动的次数就越多。调查发现，在足球运动的参与者中一周踢球一次或两次的人占比最大，一般都是在周末休息时踢球。学生、个体老板等人群踢球频率最高，一般一周三次甚至更多。还有一部分参与者因为工作或者家庭的原因两周踢球一次甚至更少。

（2）业余球队的发展现状

首先是球队的经费来源。球队生存和发展面临的首要问题就是经费问题。业余球队获取经费的途径主要有以下几种途径。

第一种途径是会员制，也就是球队的成员定期缴纳费用，用于球队的各项支出。第二种途径是 AA 制，业余球队的队员流动性比较强，参与比赛的队员也不是固定的，所以，通常会采用让参赛队员 AA 制来承担比赛费用。第三种途径是企事业单位承担球队的各项费用。第四种途径是私人企业或者公司的赞助，这种赞助有时需要队员自己去拉，有时候是企业为了宣传而赞助的。这种经费来源随意性比较强，而且极其不稳定。具体经费来源占比如表 1-3 所示。

表 1-3 业余球队经费来源调查

经费来源	比例
会员制	20.0%
AA 制	35.0%
企事业单位	35.0%
私人企业、公司赞助	10.0%
总计	100.0%

其次是球队的经费开支。业余球队主要的经费支出是饮水费、交通费、服装费、聚餐费。一些球队会选择学校的场地来踢球，这样的话就节省了一部分开支。有些地区为了鼓励人们开展健身活动会免费开放足球场地，这也方便了业余球队开展比赛。关于队员的医疗费，通常是球队提供、队员单位报销或者自己承担。

再次是球队一年内参与比赛的次数。业余球队参加的比赛主要分为三种类型：市体育局主办的比赛、某队带头组织的比赛、友谊赛。调查了 20 支球队发现，有一半的球队每年参加两次比赛，每年参加 4 次及以上比赛的球队只占十分之一。在群众参与者中调查发现，有将近 70% 的参与者希望每年可以参加三次比赛。由此可见，我国很多地区的业余比赛次数还不能满足群众的要求。

最后是球队教练员的状况。在业余的足球队中，教练员不仅仅是指挥官，还是球队的管理者。但是，我国的业余足球队中，很少有队伍有真正的教练员来指导训练，通常担任教练员的都是球队的组织者、队长或者年长的球员。这些教练员主要是在比赛中负责调整工作，其中有部分教练员还是球队的球员。因为没有专业的教练员，所以业余球队进行的基本都不是系统性训练，球队的竞技水平也很难得到长期保持，训练的目的也很难实现。

但是，对于业余球员来说，足球运动的娱乐性往往比竞技性更重要，而且业余球员一般都有自己的工作，无法做到每个人的闲暇时间都是同时的，很难做到在固定时间进行系统训练，所以业余的球队没有专业教练员也是十分正常的。

二、足球运动的发展趋势

（一）技术发展趋势

1. 日趋全面

当前足球运动技术全面发展的特征就是攻防技术一体化。在现在的足球比赛中，阵型分布灵活多变，前锋、前卫的机械分工消失，前卫转变助攻，中卫深入进攻，后卫也不再是单一的角色，不仅可以完成防守任务，还可以参与进攻。前锋不仅仅掌握了全套的进攻本领，还掌握了各种各样的防守技术。因此，为了适应足球的比赛需要，球员必须要做到技术方法多样、合理，在全面发展的同时发展自己的特长。例如，巴西队后卫卡洛斯主罚的任意球，时常在关键时刻得分，就是典型的一例。

2. 速度加快

现代足球的比赛中，进攻和防守的转换速度显著较快，对抗越来越激烈，比赛要求球员完成技术动作的时间和空间越来越少。球员的动作完成速度以及动作之间的衔接速度必须不断加快，才能适应当前的比赛环境，将自己的技术水平充分地发挥出来。俗话说"兵贵神速"，足球技术也同样如此。

3. 对抗加剧

现代足球运动的技术水平越来越高，对抗越来越激烈。对抗频繁、争抢激烈对攻防技术的要求越来越高。队员真正的技术是在对抗激烈的比赛中依然可以发挥出自己的正常水平。当然，在比赛中队员除了技术过硬之外，还要具备顽强的意志，特别是在旗鼓相当或者以弱对强的比赛中，顽强的意志可以在一定程度上弥补技术上的不足，使球员超常发挥。

4. 意识渗透

球员在比赛场上对攻守规律的认识，以及表现出的敏捷的思维能力便是意识的反映。在运动场上，球员的技术如果离开意识的支配的话，就只是简单地重复，没有任何利用价值。意识渗透到技术中是十分复杂的过程，它不仅仅与球员坚实的技术基础有关，还与球员对足球的感悟能力，对比赛规律的认知程度，对千变万化的形势的判断能力等都有着重要关系。现在，提高这种意识要从最开始学习足球的时候开始，在技术训练过程中贯穿意识培养，着重提高技巧。同时，还必须十分重视发现和培养那些意识天赋较好的运动员。

5. 即兴发挥

在足球比赛中，赛场的环境瞬息万变，会出现各种各样的突发状况。即兴发挥指的是球员针对赛场的状况及时地采取应急措施。打破既定的技术动作结构，以达到最终目的。

比赛中常出现一些令人意外的事态，为了适应突如其来的变化，在时间和空间十分有限的情况下，球员必须采取一些超常的技术才可以满足比赛的严格要求。球员的即兴发挥也是足球比赛的魅力所在，它要求球员的技术、能力等各方面的素质都在那一刹间表现出来。

（二）战术发展趋势

为了战胜比赛对手，根据比赛的实际情况所采取的个人和集体配合手段的综合表现就是足球的战术。足球比赛融汇了既矛盾又统一的进攻与防守两个方面，比赛的全过程是双方进攻与防守角色不断转换的过程。因此，足球的战术包含进攻与防守两个方面。同时攻防技术又可以分为个人和集体两种类型，实践证明，赢得比赛的重要因素就是巧妙地组织和运用足球战术。

1. 机械分工消失

由于全攻全守战术打法的运用及快速发展，球场上位置的机械分工已经逐渐消失了，比赛中阵型变化灵活，穿插跑位频繁，后卫进攻、射门得分，前锋防守解围的现象经常出现。当然，位置机械分工消失并不代表不会对位置进行分工，只是要求球员全面发展，跑到哪个位置上，就能胜任哪个位置的职责，根据比赛的实际情况，创造性的完成任务。

2. 快速争夺时空权

足球比赛的最终目的是夺取胜利，而取得胜利的关键是对阵双方快速争夺时间和空间的主动权，力争夺取对球的支配权。足球比赛的时间与空间是进攻和防守双方控球能力的综合反映，主要体现在时间、空间上的限制与反限制、控制与反控制间的矛盾与争夺。

夺得时空主动权的前提是敏锐观察、判断准确，基础是足球的意识及经验，保证是行动迅速、技术高超及队友支援。球员的视野开阔，对时空判断能力强，就能更早地做出预测与决断，快速主动争夺时空权，从而实现战术目的。

3. 阵型和队形有机结合

阵型是上场队员的位置分布，是球员职责分工的形式，是球队进攻和防守力量的合理搭配。比赛阵型要根据本队队员的能力和对手的特点来选择制定。阵型是战术的组成部分，目的就是灵活、合理地调配攻守力量，充分发挥个人的智慧和集体的攻守力量，以达到获胜目的。队形是针对不同情况对阵型更具体、灵活的运用，需要十分周密的组织，需要人员组合随机应变。队形是一个球队战术效应的重要基础。队形一般分为两大类，分别是整体、局部。在快速的攻防转换中，为了夺取对球的控制权，比赛中整体队形压缩在40米左右，前、中、后三条线应保持紧密的衔接，在局部区域队形多为"三角形"。间距合理的队形有利于充分发挥全队与个人的力量和特点，攻利于支援接应，守利于保护补位。因此，阵型和队形的有机组合的核心是要对空间进行控制和封锁。

4. 集体和球星完美结合

足球运动是一种集体运动项目，球队队员的竞技能力对球队成绩有直接影响。一般来说，球星拥有某种特长，是一支球队的核心，在比赛中起到的作用是他人无法代替的，球队也会经常以球星为中心制定战术打法。但是，若离开了同伴的支援接应或保护补位，仅靠球星单枪匹马，终将难现光彩。因此，足球比赛最终取胜需要发挥集体的力量。大量比赛证明：能力突出的球星只有与训练有素的集体完美结合在一起，才能赢得比赛。

（三）产业化发展趋势

在产业化的理念下，足球的经营管理理念也发生了一定程度的变化，变得越来越重视服务的质量。随着职业足球的不断发展，职业足球俱乐部也渐渐发展了起来，盈利是职业俱乐部的首要目的。职业俱乐部的兴起为足球产业提供了良好的发展机会。那么，什么是足球产业呢？

足球产业是一种经营性行业，主要是向社会提供与足球相关的产品以及服务。随着人们物质文化生活水平的提高，为满足消费者的需求，为大众提供各种足球产品的体育经济产业也得到了迅速发展。在一些国家，足球产业已经成为其扩大就业渠道、获得巨大利润的重要行业。在世界范围内，足球产业化已经成为足球发展的潮流。

足球运动的产业化发展趋势在这几方面有所体现。第一方面是足球比赛的市场在一定程度上得到了开发，主要包括比赛门票、电视媒体的转播权以及企业赞助等。第二方面是足球相关商品的买卖逐渐扩大。第三方面是资产经营与资本运营快速兴起。俱乐部的资产包括教练员、球员、俱乐部的标志等。

（四）全球化发展趋势

1. 足球全球化发展的表现

足球运动的全球化就是指足球运动突破了国家、地区、民族的界限，渐渐地融为一体。足球运动的全球化发展是一个漫长的过程。现在世界性的足球赛事越来越多，足球文化的传播越来越广泛，足球产业越来越强大，足球的全球化发展趋势表现得越来越明显。足球运动全球化主要在四个方面有所体现。

第一，技战术的全球化。各个国家之间的足球技术和战术相互交流，在保持现有水平的前提下，提升球员的个人技术水平和球队的整体作战水平。

第二，优秀人才的全球化。足球优秀人才不仅仅包括球队队员，还包括优秀的教练员、经纪人等。当然，其中起主导作用的依然是球队的球员。足球的全球化趋势表现在全世界优秀球员的广泛沟通。此外，教练员的沟通、活动频率也在逐渐提高，借助外援提高自身球队的能力是十分普遍的现象。

第三，职业俱乐部的全球化。目前，很多国家都已经成立了职业足球俱乐部，也因此诞生了很多足球强国。各国俱乐部之间的沟通和赛事也逐渐增多，在一定程度上推动了足球运动的发展。

第四，经营管理的全球化。伴随着足球产业化的不断发展，经营管理也成为足球产业的重要内容。现在足球产业已经是全球最具发展前景的产业，经营管理模式也随着足球产业的不断发展逐渐呈现出全球化发展趋势。

2. 足球全球化发展的机遇

全球化为足球运动的发展提供了机遇,足球全球化发展使足球运动的发展进入了一个新的时期。对于足球运动发展落后的国家和地区来说,足球全球化是一个十分重要的机遇,他们可以借助这个机遇使自己国家的足球发展起来,世界各地的高水平足球联赛为这些国家提供了交流平台,让他们有更多的机会借鉴先进的足球运动经验,提高本国球员的竞技能力和球队的竞技水平。与此同时,这些国家还可以参考国外的管理经验,进而提高本国的足球运动管理水平,使本国的足球运动持续发展。此外,本国的教练员和球员还可以更加方便地与其他国家的足球人才进行交流,有利于培养更多的优秀足球人才。

3. 足球全球化发展的危机

足球运动全球化带来机遇的同时也带来了挑战,其中为发展中国家带来的挑战尤为严峻。大多数发展中国家的经济都比较弱,所以对足球运动的经济支持力度也比较弱,不能扩展经费来源渠道,对足球运动的支持力度难以达到足球运动发展的需求,因此,足球运动实现真正意义上的全球化还是有一定的困难的。

当前,足球运动和经济二者之间的关系越来越密切,但同时两者之间也存在着很难调和的矛盾。面对足球运动全球化的挑战,我国必须充分了解足球运动真正的发展趋势,要善于吸收各国的先进经验,妥善处理足球运动发展中存在的各种矛盾,抓住足球全球化发展的机遇,积极、正面地迎接挑战,使足球运动持续、健康发展。

第二章 足球运动的价值探讨

随着近几年经济、科技、信息的快速发展，人们越来越重视体育锻炼。而在这诸多的运动项目之中，足球可谓是最受喜爱的。那么，足球运动为什么会受到大众的喜爱呢？从宏观上来讲，足球运动主要具有两个价值：其一，生理价值；其二，心理价值。前者主要是指，人类身体机能各项生理指标在足球运动训练和比赛过程中，都会发生一定的变化，而这些变化恰巧能够促进运动者身体素质的提高；后者主要是指，人类在进行足球训练和比赛过程中，能够使人的心智得到进一步完善，从而促进人的全面发展。本章主要包括足球运动的生理价值、足球运动的心理价值两部分，主要包括新陈代谢与足球运动、如何调整运动前的不良状态、机能变化与足球运动、足球运动的心理过程等内容。

第一节 足球运动的生理价值

一、足球运动员基本体能要求

（一）灵敏素质

1. 中枢神经系统灵活性

在对对手、队友、个人以及足球之间的关系处理上，要求足球运动员能够巧妙且准确地控制好空间和时间。而在这里需要强调的一点是，大脑皮层的兴奋与抑制活动之间的转化能力，直接决定了足球运动员对任何动作的选择，以及任何体位的合理变化。

2.观察能力与反应速度

毋庸置疑,观察能力和反应速度是衡量一名足球运动员灵敏素质高低的方法。同时,也只有具备了良好的观察能力和较快的反应速度,才能在第一时间做出相应的动作。足球意识并非完全属于一种与生俱来的能力,它也需要后天的培养。据相关实践证明,在对足球运动的观察中,会形成一定的足球意识。而在足球运动过程中,完成技术战术动作的必要前提则是反应速度要快。

3.运动技能的储备和熟练程度

可以说,足球场上的灵敏性动作是由若干个动作技能组成的。然而,基于灵敏性动作无规律、不固定等特征的存在,致使运动技能具有迁移的显著特点。不可否认,足球运动员只有储备了丰富的技能,且能将其熟练运用,才能获得较高胜率。然而,要做到这一点,就需要进一步提高自己的大脑皮层灵活性,并以此来提高其灵敏水平。

(二)力量素质

从某种意义上来讲,力量决定了基本运动成绩,它被包含在体能构成的诸多要素之中,且与其他运动要素间存在着十分密切的关系。可以毫不夸张地讲,想要使自己的体能水平得到提高,且掌握相关运动技术,最后夺取比赛的胜利,就必须具备较好的力量素质,因为它是前提与保证。随着人们对力量素质认知的不断探索与深化,以及对力量训练理论与方法的进一步研究和完善,人类当代的竞技运动水平有了质的飞跃。

相关学者把肌肉力量定义为:人体依靠自身肌肉的收缩,来完成对抗或克服阻力的一种能力。站在生物力学原理角度来看,对于人体而言,在其内部且各部分进行相互作用的过程中,所产生的力便是"内力"。例如,运动环节间的反作用力、肌肉拉力、组织阻力等,都属于人体内力。那么,在诸多内力之中,哪种内力属于主动力呢?实际上,肌肉拉力就属于主动力,取决于运动器官结构。它可谓是运动的动力源泉,同时也是组织的被动阻力,如筋膜、肌间隔、韧带、关节囊、腱膜、骨骼、肌肉等组织的阻力。内部反作用力实际上是一种惯性力,主要产生于身体某一部分在短时间内发生的变化。在肌肉工作过程中,所克服的外部阻力都主要来源于空气阻力、物体重量等。

肌肉生理横断面的面积、肌肉群之间的协调关系、中枢神经系统发放冲动强度与频率、骨杠杆的机械效率以及专项所需肌纤维质量等,都是力量素质的决定因素。而足球运动员，不仅仅要具备耐力性力量，还需要具备瞬间爆发力。因此在提高红肌纤维质量的同时，还需要提高其白肌纤维质量。为此，在足球训练中，对于训练手段和技术动作等，都需要进行生物力学分析。足球运动是一项需要力量的运动，几乎每一个动作，每一组配合都需要力量来支撑，如射门、传球、开球等。

（三）耐力素质

1. 有氧耐力

"有氧是无氧的基础"是耐力素质中一条恒久不变的真理。在训练中，如果能够锻炼出较好的有氧水平，就可以提高机体的摄氧能力、用氧能力以及输氧能力。不仅如此，还可以充分利用机体内的能源物质。有氧耐力可以在短时间内消除乳酸性氧债和非乳酸性，从而使运动员在短时间内不会感到疲劳感，同时加快恢复作用。从某种层面来讲，有氧耐力素质与以下三方面有着直接性的关系。

其一，有氧代谢能力。心肌收缩力是它的发展核心，而运动员的用氧能力、摄氧能力、输氧能力却对该因素起到了决定性的作用。

其二，能源物质的储存。适宜的脂肪和糖原被存放在运动员体内，如此便可不断为长时间工作的肌肉提供 ATP 所需要的能源。

其三，在运动器官进行较长时间的运动负荷过程中，肌肉、韧带、关节等，都在一定程度上承受了相应的运动负荷。

最大摄氧量的进一步提高是发展有氧耐力的第一步。而输氧能力则是对最大摄氧量影响最大的一个因素，心肌收缩能力决定了输氧能力的大小。所以，我们可以理解为，运动员的心肌收缩力的培养是有氧耐力训练的本质。

事实证明，在接近无氧阈强度或无氧中的有氧耐力训练效果是最佳的。这种训练能够在极大程度上刺激乳酸的排除率和增加率，但在运动员体内并不会出现酸中毒现象，也就意味着运动员能维持较长时间的训练。在诸多发展有氧耐力训练中，无氧阈训练是相对有效的一种，且运动比较广泛，它能够提高有氧代谢系统能力的超负荷强度。据相关研究表明，当个人在进行有氧耐力训练时，其训练的最大负荷强度在达到 70%，而摄氧量达到最大摄氧量的 75% 时，才与实际比赛的需求相符。

2. 无氧耐力

无氧代谢能力是衡量足球运动员无氧耐力水平的标准，当然我们也可以将其视为无氧糖酵解能力，支撑运动器官的功能，机体组织抗乳酸能力以及 ATP 和 CP 等能源物质的储备功能。

足球运动员在实战中，有 80%～90% 都是 5～15 米的快速冲刺，其中，慢跑冲刺与快跑冲刺和走的时间比例为 7∶1 到 11∶14，由此可见，非乳酸无氧耐力对于足球运动员而言是十分重要的。据相关实践调查研究表明，目前对足球运动员机体起到决定性限制因素的是肌肉耐力水平，而非心肺功能。肌肉无氧力水平实际上是我们在此所提及的肌肉耐力水平。所以当教练员训练足球运动员时，应多关注对球员肌肉无氧耐力的训练。

高强度小间歇的练习是发展非乳酸无氧耐力这方面比较流行的一种训练方法，我们还可以将其称为"间歇训练法"。针对于此方式训练，大都会采取短距离冲刺跑形式，并以此来控制间歇时间的大强度训练，从而进一步提高足球运动员体内 ATP 和 CP 的分解能力与合成能力。

不仅如此，进攻和防守的职责分工随着现代足球节奏的加快，也变得相对多元化，这便意味着运动员的职能更加全面，后卫可以参加进攻，而前锋也要懂得回防。因此，足球运动员在比赛过程中出现大大小小冲刺行为也是不可避免的，所以乳酸无氧耐力对于足球运动员来讲十分重要。那么，什么是乳酸无氧耐力呢？所谓乳酸无氧耐力就是，当运动员在进行了 10 秒以上的大强度训练后，其机体需要依靠糖原无氧酵解供能，而乳酸则是糖原无氧酵解的最终产物。需要特别强调的是，在进行乳酸无氧耐力训练过程中，普遍会采用超负荷间歇训练。

二、足球运动与生理学评定

（一）安静状态下的生理学评定

1. 基础心率

当人处于清醒状态时、清晨时、静卧时、空腹时，心率都属于基础心率。对于足球运动员而言，基础心率的测定是十分重要的。因为，它是判断运动员是否适应目前运动负荷的重要指标。在正常情况下，基础心率总是处于相对稳定的状态。如果足球运动员的身体、心理都处于相对健康状态，那么，其心率也会呈现出平稳状态。如果运动员正在进行体育运动，或增加目前运动负荷量，那么，处于平衡状态的初始心率便会逐渐下降。国际规定，窦性心律的正常范围在 60～100 次/分钟，但这只是对常人而言，对于受过特殊训练的足球运动员而言，其窦性心律在安静时会低于 60～100 次/分钟的范围。可以这样理解，当心率贮备越高时，我们的基础心率就会变得越低，但此时的心血管功能发展水平就会越高。

2. 肺活量

肺活量的作用在于对呼吸系统功能有效指标进行精准反映。对于大多数经过长时间训练的足球运动员而言，都具有发育较好的呼吸系统。经相关学者实践证明，肺活量可以把肺通气功能所具备的顺应性客观反映出来。事实证明，呼吸肌的通气与收缩阻力，在极大程度上决定了肺通气顺应性。所以对于呼吸肌收缩力量和速度的评定，可以使用时间肺活量来进行。例如，进行连续 5 次的肺活量测定，在连续 5 次肺活量测定过程中，我们将每次的间隔设为 30 秒，如果其结果全部处于稳定或增高状态，就表示运动者呼吸肌耐力相对较好，但如果测试结果处于持续递减或非稳定水平，则表示呼吸肌的耐力较差。

3. 动脉血压

运动者的大动脉弹性、心血管反射、心肌收缩力、中小动脉阻力等综合指标，都可以被动脉血压反映出来。事实证明，大多数从事足球训练的运动员，要比常人的机体心机收缩力强很多，且相关调查显示，足球运动员的平均动脉压要高于常人，由此可见，从事足球运动的运动员，其心脏功能都要比常人好得多。不仅如此，在足球运动员体位变化过程中，其动脉血压并没有明显变化，这主要是由于足球运动员的心血管调节功能的提高。

（二）定量负荷的生理学评定

在足球训练过程中，如果运动员处于安静状态，那么，其身体功能的良好影响就不会被完全展现出来。也就是说，处于安静状态下的运动员，不适合对运动训练的效果进行任何评定。所以，教练员在对训练效果进行评定时，需要对运动员施加一定的运动负荷，且应当施加的是定量负荷。

由于足球运动员的运动水平存在着一定的差异性，所以在定量负荷条件下的生理功能反应也会有所不同。所以，它还具有一定的参考作用，我们可以把这一特征运用到对身体适应度的评定上。那么，何为定量负荷？定量负荷就是对运动员的运动时间和强度，在运动试验条件下，进行的一种限定负荷。相关实践证明，中等运动强度是定量负荷使用较频繁的一种运动强度，通常为极限能力的60%。运动时间往往被运动强度所控制。所以，当运动强度增大时，时间反而会减少；相反亦然。30秒20次起蹲、台阶试验、联合功能试验以及习惯的体育运动等方式，都是目前使用比较普遍的定量负荷试验。我们还可以用定量负荷后的生理学评价，对运动者安静时的运动训练效果进行评定。

由于足球运动员在经历过长时期训练后，其身体各功能都比常人较强，所以，定量负荷时的生理反应，大都比常人偏低一些，而能量的消耗方面，也常常低于常人，但要比常人的状态平稳许多。不同的是，在运动之后，足球运动员的体能恢复时间往往比常人要短得多。

（三）极量负荷的生理学评定

运动者在极量运动负荷后的运动训练程度特点可归纳为：运动员潜能大、恢复耗时短、动作迅速。当然我们也可以理解为，教练员应当在极量负荷状态下，发掘和激发运动员的各种机体功能潜力。从事足球运动训练的运动员，其身体各器官的生理功能水平也要高于常人。除此以外，其所具备的功能贮备潜力也比常人大得多，从某种角度上来讲，这是运动员机体适应的重要体现。

三、足球运动的生理价值分析

（一）心率

随着科学技术的不断发展，我们对比赛过程中的足球运动员心率变化进行了研究。通过对足球运动比赛过程中心率的持续测定，我们可以获取其有氧能量消耗的相对准确规律。曾有部分国外学者试图通过测量心率而进一步描绘出有氧系统在足球比赛中较精细的作用图形。我们通过此图形，可以较准确看出足球运动员心率变化会受到诸多因素的影响，如动机、体能、情绪、站位、战术等。不仅如此，训练方式或比赛海拔的不同，也会使足球运动员的心率产生一定的变化。

然而，何为心率？事实上，我们可以把心脏周期性的机械活动频率视为心率。换而言之，每分钟心脏搏动的次数便是心率。随着科技的不断进步与发展，我们现在不仅可以通过心率遥测系统来观测并记录足球运动员在运动和安静状态下的心率，还可以检测足球运动员在训练以及变化过程中的瞬间心率变化，它可以成为教练员指导训练的科学依据，使教练员能够有针对性地拟定训练计划，并科学合理地安排足球训练。

（二）肌肉

1. 肌肉纤维

快肌纤维和慢肌纤维是肌肉纤维的重要组成部分。前者又被分为快 a 纤维与快 b 纤维两类。相关实践证明，快 b 纤维虽然比慢肌纤维的收缩速度快很多，但更容易使人产生疲劳感。相比之下，快 a 纤维的耐力就比较特别，它恰巧处于快 b 纤维与慢肌纤维之间；后者的力量较快肌纤维而言要弱许多，但不易兴奋，同时也不易疲劳。这主要归因于，在运动过程中，为它们提供能量的主要是肌糖原存氧化分解。

由此可见，快肌纤维的无氧供能能力要比慢肌纤维强很多。众所周知，在不同的肌肉中，肌纤维所占的比例也有所不同。为了便于研究，我们对一名足球运动员腓肠肌进行活检，其检测结果显示，分别有 2% 的快 b 纤维、8% 的快 a 纤维以及 90% 的慢肌纤维存在于该名足球运动员肌纤维中。之后，我们又对该名足球运动员的同一条大腿肌肉进行了详细检测，检测结果显示，三种纤维的比例分别为 15%、50%、35%。显然，基于相同肌肉群的不同项目运动员，其纤维类型占比并不相同。

从理论上来讲，快肌纤维虽然不能直接被转变为慢肌纤维，但是可以通过耐力训练的方式提高其耐力水平。因此可以说，受过良好训练的运动员的快肌纤维百分比会高于未经过训练的运动员。

2. 肌肉中的酶

存在于肌纤维中的蛋白质有很多类型，"酶"便是那诸多蛋白质中的一种。有些酶对肌肉的有氧工作能力起到了决定性的作用，有些酶则对机体脂肪的使用起到了调节作用，我们在这里把它们称为"耐力酶"。

通过相关实践调查结果表明，常人和业余球员肌肉中的有氧耐力酶水平，明显低于高水平足球运动员。我们还在调查中发现，那些职业联赛选手肌肉中的酶的水平相比之下会更高一些。但需要强调的是，在缺乏锻炼时，与有氧耐力有关的酶会迅速产生反应。

不管是常人也好，业余球员也罢，即便是专业足球运动员，只要三周之内不训练，那么他体内与耐力有关的酶的水平便会呈现下降趋势。需要进一步强调的是，在历经四周恢复性训练后，这些专业足球运动员的酶的水平仍旧不会恢复到坚持训练时期。也就是说，酶的恢复的时间要远比酶的失去所花费的时间多得多。不仅如此，事实证明，长跑运动员肌肉中耐力酶的水平要高于高水平足球运动员，而高水平足球运动员肌肉中的耐力酶的水平则要高于普通足球运动员。

3. 肌肉动作的类型

机体中肌肉的收缩方式并非是单一的，而是多元化的。在运动过程中，肌肉的长度增加，这便是离心收缩；在运动过程中，肌肉的长度变短，这便是向心收缩。事实证明，在以不同速度、类型进行收缩时，优秀足球运动员的股四头肌会产生一定的力量。而我们借助相关测量装备可以准确测出优秀足球运动员的肌肉力量，其小腿速度，在整个运动期间是没有发生改变的。

就离心收缩而言，实际上从其水平位置开始，运动员的股四头肌是被拉长的。换而言之，在离心收缩过程中，运动员的腿在对抗一个电动机械臂，并不断向下移动。通常情况下，我们可以通过腿部来按压一个已经被固定好的机械臂，来实现等长收缩。

向心收缩则需要带动机械臂，从运动员腿部弯曲90度的位置逐渐移动到水平位置。肌肉力量会在向心收缩期间随着收缩速度的增加而增加。一般而言，我们可以通过离心收缩来记录最大的力量。

4. 足球运动员的肌肉力量

从理论上来讲，要想使人体肌肉爆发出最大力量，就需要保持一个特定的姿势进行某一特定的动作，当然，也可以以某一特定的速度进行某一特定的动作。但最终我们还是不能给予此肌肉力量的精准评价。但问题是，为什么会出现这种情况？实际上，这主要归因于肌肉运动的速度和类型，因为它们是肌肉力量的决定性因素。肌肉所爆发出的最大力量，往往是在离心收缩过程中。等长收缩肌肉力量要明显大于向心性收缩肌肉力量。与此同时，向心力会随着收缩速度的减慢而增加。

在踢球过程中，基于收缩速度的相似条件下，足球运动员的股四头肌产生的力量占据最大等长收缩的10%。身处于一个相对复杂的运动中的肌肉，其工作也颇为丰富，这便致使它难以准确评估肌肉产生的力量。我们来举一个例子，足球运动员的部分肌肉在进行足球对抗活动中，会出现等长收缩，而其他肌肉则会出现不同程度的向心收缩和离心收缩。它们的收缩速度并不固定，会因多种原因而发生变化，且肌肉力量与运动损伤二者间存在着颇为密切的联系。

（三）血乳酸值

骨骼肌中能够产生乳酸，而乳酸能够通过细胞膜进入血液，足球的训练和比赛中，骨骼肌都会产生乳酸。乳酸浓度在一般情况下为1～2微摩尔/升。经相关实践证明，处于静止或安静时的运动员的血乳酸浓度与常人基本一致。不同的是，在运动时，运动员和常人的血乳酸浓度会产生明显差异，运动员的血乳酸浓度在运动过程中会呈现急速上升趋势。倘若在短时间内进行各种高强度活动，那么该运动员此时的血乳酸可直接达到15微摩尔/升甚至更高。倘若是在较长时间内进行耐力性运动，那么，该运动员此时的血乳酸浓度上升将不会过于明显。

曾有相关学者做了这样一个对比研究，即对比足球比赛后和中场休息中运动员乳酸浓度，并通过这种方法对球员进行糖酵解系统功能评价。此项研究表明，足球运动员的血乳酸浓度，在赛后并不高。上半场赛后平均血乳酸值为5.28±2.01微摩尔/升。全场比赛结束后的平均血乳酸值为4.68±2.16微摩尔/升。且相关学者又对高水平职业运动员比赛中的血乳酸值进行了检测，其血乳酸值平均在4～6微摩尔/升。而最大的血乳酸值在7～8微摩尔/升。诸多学者曾分别对瑞典、丹麦、德国13名运动员在运动比赛中的血乳酸值进行了研究，其对血乳酸值的研究结果与该结果相近似。

在球员比赛过程中，难免会出现一些大负荷强度的运动方式，如60米以上的带球跑等。为此，相关学者对其进行了大量研究，结果表明，足球运动员在30秒1对1带球跑训练后，血乳酸值可达10微摩尔/升以上。而且他们还发现，整场比赛的血乳酸水平并不能被个体乳酸测定值代表，这主要是因为赛中和赛后的血乳酸测定结果比实际值要小得多，因为此检测只能反映抽样前短暂时间内的乳酸产量。所以，我们可以断定的仅是足球运动员机体内存在的血乳酸产量，其在比赛中的某一时段，或某些时段会比较高。

由此可见，如果足球运动员不具备较好的血乳酸代谢能力，便不能向机体提供充足的能量，因为足球运动员在进行大负荷强度运动时需要启动糖酵解系统,以确保能量充足,而较好的血乳酸代谢能力可以启动糖酵解系统。在大负荷强度运动后,具有较好的血乳酸代谢功能的足球运动员,其体内的血乳酸往往通过得到有氧系统的分解,而保持较低水平,这样能够使足球运动员在较短时间内恢复体力,以确保下一次高强度负荷。

(四)最大摄氧量

通常情况下,我们把机体每分钟利用的氧量视为摄氧量。而把身体每分钟被利用的最大氧量视为最大摄氧量。当人在休息时,其摄氧量约为0.3升/分钟。但是,当人在运动时,其摄氧量要远远高于安静时,不仅如此,摄氧量还会伴随着运动强度的增加而增加。由此可见,衡量人体工作能力的一个重要指标是"最大摄氧量",它不仅能够准确反映机体吸入、运输氧气的能力,还能准确反映机体利用氧气的能力。冲刺快跑过程中,良好的有氧能力,有助于增加有氧代谢的能量释放,迅速消除非乳酸性氧债,进一步促进高能磷酸化合物的有氧合成,从而延缓疲劳感的出现。

遗传因素对有氧耐力素质产生了巨大的影响,但它并非仅仅来自遗传,还有后天的训练,例如,通过足球运动训练,便可以在极大程度上增加最大摄氧量。而且这一点已经被实践所证明,著名学者戴维斯,便对这些经过系统足球运动训练的人进行了相应研究,其结果表明,这些运动员的最大摄氧量被提高了25%。

不可否认,肌肉需要一定能量的支撑才能将其所具备的功能发挥出来。但问题是,能量从何而来?通常情况下,我们往往会把利用氧的不同物质的化学分解过程视为能量的来源。它又被视为有氧能量代谢,因为在整个化学分解过程中,所有氧气都积极参与其中,而与它相随的则是副产物二氧化碳。

大部分情况下,健康人的最大摄氧量在2～7升/分钟的范围内。经相关实践证明,针对不同个体间的差异,将最大摄氧量的范围按照体重进行划分,其最终的数值可更为准确,这主要归因于,足够的氧气和能量是运动机体的力量源泉。基于此方式进行推算,一个体重为60千克的人,他的最大摄氧量相对值为67毫升/(分钟/千克);一个体重为80千克的人,他的最大摄氧量相对值为50毫升/(分钟/千克)。

相关学者曾对两名参加马拉松项目的世界冠军和一名相对优秀的运动员进行了最大摄氧量相关检测。其结果显示,这名相对优秀的运动员的最大摄氧量要大于两名马拉松世界冠军,但需要强调的是,两名马拉松世界冠军在运动中的最大氧利用率，要远远高于这名相对优秀的运动员。

由此可见，提高最大氧利用率是提高专项有氧耐力的关键所在。而反映最大氧利用率的是乳酸阈，因为，在人体逐渐增加负荷的运动过程中，它能够准确反映出血乳酸开始积累时的最大摄氧量百分利用率。

第二节 足球运动的心理价值

一、足球运动基础心理学理论

（一）动机

1. 动机的分类

（1）按动机来源分类

其一，内部动机。为了满足于生物性的需要，人们往往会通过参加各种活动，并积极应对挑战，使自己的能力得到展现，并进一步实现自我价值，在此期间所体验到的效能感和满足感的动机便是内部动机。从某种角度来讲，人会因受到内部动机的刺激而产生某种行动的欲望，这主要归因于内部动机能够在人体内部对其行为起到极大的驱动作用。当然，我们也可以理解为，内部的自我动员是内部动机行为的动力源泉。

其二，外部动机。为了进一步满足社会的需要，人们往往会通过某种活动来获得奖励或避免惩罚，使自身社会需要动机得到一定程度上的满足，为此，我们又把此动机视为外部动机。从宏观上来讲，由于外部动机是摄取外部力量的一种动机，所以它会从外部对行为产生驱动作用。由此我们可以理解为，外部动员力量是它的行为的主要动力来源。

其三，内部动机与外部动机的关系。二者之间的关系相对复杂。外部动机对内部动机既可以起到积极影响，又可以起到消极影响。当然，外部动机对内部动机还可以起到一定的加强或削弱作用。但其主要与奖励方式有关，当奖励方式能够对运动员产生极大刺激时，便能使内部动机加强，而如果奖励方式不能对运动员产生足够的刺激，那么便会在一定程度上削弱内部动机。惩罚方面若得当，那么外部活动以及小范围内的惩罚都可能对运动员正确行为产生刺激作用。同时，还能加速外部动机向内部动机的转化。但如果惩罚方面使运动员有较大歧义，那么便会破坏内部动机，其最终的效果也就不会很理想。由此可见，内部动机与外部动机之间是存在一定联系的，二者相互影响、相互促进。

（2）按兴趣分类

其一，直接动机。直接动机实际上与兴趣有着密切的关系。兴趣可谓是直接动机的前提条件，它属于一种活动过程本身的动机。当运动员把自身目前所从事的运动视为一种对自身身体机能的积极挑战时，他便会对此运动产生兴趣，从而把自身的潜能最大限度地发挥并体现出来。在此过程中，运动员会体验到一种效能感和满足感，所以我们可以把这种训练动机视为直接动机。

其二，间接动机。它与兴趣也有关系，主要是以间接兴趣作为前提条件，只是与直接动机不同的是，它是指向活动结果的动机。部分运动员认为，比赛仅仅是为了克服必须克服的困难，而对比赛本身并无兴趣，那么，这样的动机就被视为间接动机。

（3）按情感体验分类

其一，丰富性动机。此动机趋向于张力的增强，是一种带有积极性的动机。理解和发现、获得满足、经验享乐以及有所成就等欲望，都是其所具备的特征。所以，教练在对足球后备人才进行训练的过程中，应当注意激发运动员此种积极动机。

其二，缺乏性动机。与丰富性动机有所不同，缺乏性动机属于一种带有消极成分的动机，且它还包括安全和生存的一般目的，这种动机会在目标实现后明显减弱。避免威胁、逃避危险以及排除缺乏和破坏等，都是缺乏性动机的主要特征。

（4）按需要的性质来分类

其一，生物性动机。毋庸置疑，其主要是以生物性的需要作为基础的一种动机，如因困乏、饥饿而产生的动机，都属于生物性动机。

其二，社会性动机。这种动机是一种以社会文化需要作为前提的动机，如交往动机、成就动机等，这些都属于社会动机。基于社会生活环境，这种动机可产生于学习和经验之中。

2. 动机产生的必要条件

从宏观上来看，外部和内部条件构成了动机。前者主要是指个体以外的多种刺激，包括生物性因素和社会性因素；后者主要是指由于缺乏某种东西，个体内部会出现不同程度的紧张状态，甚至是不舒服的感觉。对于主体而言，外部和内部条件同样重要。外部条件是产生动机的外部根源，内部条件推动主体进行相应的活动。

3. 动机的培养与激发

（1）满足运动员的各种需求

其一，展示自我的需要。能够充分感受到自身是有价值的存在和需要，是运动员在参加训练和比赛时最普遍最强烈的需要，此要求特点主要取决于运动员归因特点。从某种层面上来讲，我们可以把运动员分为两种，即失败定向运动员、成功定向运动员。虽然他们在某些方面有所不同，但其最为看重的都是自我价值等精神财产。在进行才能施展的过程中，运动员能够得到他人的赏识和认可，并充分感受到自己的价值，从而使这种展示自我的需要得到切实满足。

其二，追求刺激和乐趣的需要。足球训练并非一个新颖、有趣的短时间过程，而是一个枯燥的长期过程，基于此背景下，足球运动员极有可能在枯燥无味的训练安排或过高要求情况下对训练失去兴趣，这便会导致运动机制下降。所以足球教练员在对球员进行训练时，应当注意：教练员应当科学合理安排球员适宜训练难度；教练员应当调动运动员参与训练积极性；教练员应当使用多元化训练方法及手段；教练员应当对运动员予以尊重，使其能够行使自由权和选择权；教练员应当有针对性的，且结合足球运动员特点对其进行训练。如此，便可以使其在训练过程中感受到乐趣，调动训练积极性。

其三，获得集体归属感的需要。不可否认，归属感是每个人都拥有的，无论其从事什么职业。足球运动员也是如此，他们参加运动训练，就有成为运动集体中一员的想法和愿望。因而想要建立积极动机，从而为团体赢得荣誉，就需要感受到自己在集体中的价值。所以，教练员在激发运动员成就动机时，可借助集体行为规范、目标和荣誉感。

但在此需要强调的是，教练员应当帮助那些失败定向的运动员重新确定目标，且在此基础上通过多元化手段和措施来使这些运动员的自我价值需要得到满足，进而激发运动员的训练动机。

（2）运用强化手段培养动机

我们在可接受行为出现时，所给予主体的积极或消极刺激的撤除过程，往往会被视为强化手段。如果不能正确使用强化手段，便会对动机产生负面影响，或造成极大的破坏，但如果利用得当，便能够较好地激发和培养运动的训练动机。相关实践证明，强化方法在大多数情况下要优于惩罚方法，这主要归因于，强化方法较惩罚方法更容易鼓励主体正确行为，但这并不代表任何时候都不能使用惩罚方法。在运用强化手段培养动机过程中，需要注意：第一，明确规定出，能够获得奖励的行为、条件以及标准等。但需要强调的是，其最终目的在于激发运动员的动机，所以奖励应适当；第二，对那些已经达标的表现，实施无规律强化；第三，各运动员应当进行相互间的强化鼓励；第四，加强内部动机是其最终目的，而并非奖励。

（3）依从、认同和内化方法培养动机

其一，依从方法。它主要通过借助外部奖励和惩罚达到激发动机的目的，是诸多有效激发动机手段中的一种。相关实践研究表明，这种方法对那些自我观念相对淡薄的运动员更为有效。

其二，认同方法。除了依从方法外，认同方法也能对运动动机产生一定的激发效果，其主要是通过运动员与教练员二者间的关系进行激发。因此，运动员与教练员之间应当保持良好关系，这样能够确保运动员会按照教练员的要求行动。

其三，内化方法。其主要是指借助启发信念和价值观的方式，来达到激发内部动机目的的方法。但需要进一步强调的是：第一，内化方法会随着年龄的增长以及心理的不断成熟而起到明显的效果；第二，依从方法在技能发展初级阶段最为有效；第三，直接激发运动员运动动机的方法，会根据运动员归因控制点的不同而发生改变；第四，针对不接受内化方法以及不习惯依从方法的运动员，应当以其目标作为激发动机方法。

（4）自我调整以引起动机

对于足球运动员而言，自我调整是极其重要的。因为，自我调整可以使运动员的运动动机被激发出来。大量实践证明，人们在拥有了控制自己生活的权利后，其动机也会随之被加强，成就会被提高。在此过程中，人的责任感和自我价值感也会得到一定的发展。

教练员对足球运动员所安排的训练基本都是合理的，也是适合运动员今后发展的。但事实上最了解自身情况的是运动员自己。所以让运动员自己进行训练计划的设置效果会更好一些，如此，运动员便能设计出更适合自己发展的训练计划。因此，教练员可以适当放下权利，用更多的时间和精力去培养运动员的责任心，让他们具备较强的自觉性，进而激发出他们的运动动机。然而，为了更好地激发出运动员的运动动机，以下几点是需要特别注意的。

其一，教练员在选择放下自主权之前，应当先对运动员的各方面实际情况以及运动水平进行了解。

其二，在整个训练过程中，教练员都应当站在运动员的角度去发现问题、观察问题、思考问题。

其三，教练员在对运动员实施训练过程中，应积极给予其相应的引导，在不急于求成的状态下，帮助运动员做出正确决策，但不要过分指导。

（5）变换训练方法以引起动机

变换训练的环境，在运动训练中也能对运动员的运动动机起到有效的激发作用。那么，我们这里所说的训练环境都包括哪些呢？从宏观上来看，主要包括两种，一个是心理环境，一个是物质环境。改变心理环境主要包括改变运动员分组，取消对运动员的消极评价以及改变传统训练方法；改变物质环境主要包括改变练习设备、场地等条件。为了使运动员的内部动机被有效培养和激发，教练员需要精心安排每一场比赛和训练。

（二）认知

1. 自信

（1）运动自信的概念

自信无疑是个人对自己持有相信的态度，且坚信自己能够完成某事或某任务。运动自信主要是指为了完成某项运动任务，运动员相信自己一定能够成功完成的一种信念。虽然在运动中所要完成的任务各不相同，可以是完成接球动作，可以是足球射门，也可以是带球过人等，其共同点都在于相信自己有能力完成这项任务。

（2）运动自信与运动表现

其一，一个运动员成功与否，都与自信这个心理技能有着十分密切的关系。在诸多心理技能中，自信是最为重要的一个。

其二，相关调查显示，自信度高的运动员，其成功率往往也较高，因为这会使他们的焦虑水平被降低，消极想法被减少，而获得更多的是积极的想法。由此可以说，自信与否在某种层面上可以算是区分运动员是否成功的一个方法。当然，个体的运动自信可以预测个体，而集体的自信也会影响到整个集体的运动水平。

2. 思维能力

通常情况下，我们会把人脑对事物的本质和对事物的规律的认识活动视为思维。它与感觉和知觉有着本质上的区别。例如，对人的认知，思维可以丢弃人的非本质特征（具体的面貌、想象、解剖结构、肤色等），把人能够使用劳动工具进行各种社会生产活动，且能够用语言进行交流，同时又具备思想意识以及高级情感的本质特征进行概括。而感觉和知觉则只能反映出具体生活的人。

通过一段时间的学习和练习，一个人便可以掌握某一运动技能，但要想使这种技能的成绩得到提高，就需要思维的帮助，即对这种技能的本质和规律熟练掌握。由于在比赛过程中，场面比较复杂，不可控因素或局面较多。所以需要足球运动员时刻保持思维的敏捷性、深刻性以及独立性，只有这样，才能在比赛中发挥出正常水平。

3.感、知觉能力

大脑对事物个别属性的直接影响的反应被视为感觉，如觉察到运动、看到颜色、嗅到气味、听到声音等，都属于感觉。与感觉有所不同，知觉主要是大脑对事物整体直接影响下的反应。人脑在客观事物直接作用于各器官时，所产生的这些整体形象便是知觉过程。

由此可见，足球运动员应当重视且加强对足球相关理论知识和实践知识的感知训练。因为，无论是感觉还是知觉，都属于人类对感觉器官客观事物个别属性以及整体属性的直接反应。想要在足球训练中掌握并发挥其所具备的运动技术，就需要运动员具备十分敏锐的感觉能力，特别是在捕捉每个动作间微小变化和区别时，只有具备了十分敏锐的感觉能力，才能在第一时间发现细微错误动作。除此之外，具备较高的感受性，还能在极大程度上加快运动员反应速度。

（三）注意

我们可以把人的意识或心理活动对某一对象的集中、选择、指向视为注意。在一定意义上来讲，注意可以促使人去选择一些有意义的或是与自身需求相符的活动，再或是选择一些与当前活动任务相关的刺激，从而来避免一些对当前活动任务有所干扰或毫无意义的刺激，确保个体能够对事物进行正确的认识和反应，并在此基础上实施更加有效的控制。

足球运动员在进行比赛或训练过程中，要时刻保持注意力的集中，洞悉对方球员以及同伴的意图，进而抓住最好时机获得比赛的最终胜利。

（四）足球运动心理过程

1. 感知过程

（1）运动与感觉系统

其一，动觉。发展高水平运动技能的关键是动觉，这点是有目共睹的。在第一时间把身体各运动信息传入大脑是其主要职责，如此便能使个体对整个身体中的各部位运动有所知觉，所以它又被称为"本体感觉"或"运动觉"。平衡觉、肌觉、关节觉、腱觉，是构成动觉的四个重要部分。当身体参与活动时，其肌肉与肌腱会产生不同程度的扩张与收缩，而各个关键之间也会产生不同程度上的压迫，从而产生一定程度上的刺激，引起不同程度上的神经冲动，而后被传入人体中枢神经系统，此时便会引起动觉。

其二，视觉。众所周知，大部分运动项目都需要视觉的配合。其主要是通过眼睛视觉来完成的，具体而言是对波长为380～740纳米电磁辐射所产生的一种感觉。例如，在足球运动中同伴队员、足球、对方队员始终在不停运动，想要在第一时间发现这三者间的变化，以及空间、距离和方位上的关系，就需要视觉的帮助。

其三，听觉。耳朵是听觉的最佳辅助工具，它将一些信息传入神经中枢和听觉中枢。人们往往会在频率为20～20000赫兹的声音刺激下产生感觉。动觉枢可在听觉的刺激下变得兴奋，从而产生听觉和动觉的联合知觉。

（2）运动与知觉系统

其一，空间知觉。如，我们熟知的，形状知觉、立体知觉、大小知觉、空间定向、深度知觉等，这些都属于空间知觉。那么，什么是空间知觉呢？其主要是对物体空间特性的反映。距离知觉和方向知觉是空间知觉的重要组成部分。足球运动员在足球运动中，需要完成射门、抢球、断球、传球、接球等动作，为此，需要先判断出对方球员以及同伴队员和自身的空间特征关系。

其二，时间知觉。从某种层面上来讲，时间知觉可以揭示出客观事物运动和变化的顺序性和延续性，由此可见，它是对时间节奏、长短、快慢、先后顺序关系的一种反映。然而，人们产生时间知觉的主要依据又是什么呢？即人体内部生理变化以及自然界有规律的周期性变化。

具体而言，情绪态度和时机的掌握与时间知觉有着密不可分的联系。例如，前锋队员在完成足球运动中的射门任务时，不仅需要具备较好的专业技术，还需要注意时机的把握。处于比分落后或领先一方的球员，在比赛快要结束时，对时间的知觉也会有所不同。后者会明显感觉时间过得快,而后者会感觉时间过得很慢。

其三,运动知觉。对自身和外界物体运动的知觉都属于运动知觉。当然,我们也可以理解为,它是机体身体以及对外界物体运动的反应,是由平衡觉、视觉、动觉等多元化感觉共同实现的。

2. 记忆过程

(1) 短时运动记忆与长时运动记忆

短时运动记忆是指在一个运动项目练习结束后,个体的遗忘速率随着时间的变化而发生改变,其遗忘进程会由快到慢,但这并不代表运动员会遗忘所有内容。那么,什么又是长时运动记忆呢?长时运动记忆就是个体在学习一项运动技能后,能够将其熟练掌握并适宜运用,如此,即便是较长时间,也不会将其遗忘。

(2) 运动表象

外部表象和内部表象构成了运动表象。视觉表象实际上是外部表象的实质,而肌肉表象以及动觉表象则是内部表象的实质。外部表象对身体内部的变化一无所知,只能通过旁观者的角度看其表象内容;内部表象则可以通过内心体验的方式,来感受到自身各种运动的操作活动,但需要以内部直觉作为前提,其最终目的在于对自身正在进行的动作予以表象。由此可见,对于内部表象和外部表象时的肌肉活动而言,内部要高于外部。

(3) 运动记忆中的信息加工

基于认知心理学,个体在短暂时间内所记忆的信息,通过知觉组织来对本身所产生的刺激进行适宜加工处理,并整合那些个别零散信息,使其变成一个相对完整的信息整体,这一相对复杂的过程便是运动记忆中的信息加工。当然,大部分人类都不能在短时间内,依靠单纯记忆将诸多内容准确记忆,所以才需要大脑中进行某种信息的组合加工,以"组块"的形式注入短时记忆。

3. 思维过程

如果我们按照思维的抽象性来对思维进行分类的话,那么思维可以被分为思维和直观行动,抽象逻辑思维和具体形象思维。直观行动思维可以说是人类最初发展的思维形式。直观行动思维通常会在个体发展中向以下两个方向进行转化。

一方面，具体形象思维会逐渐增多，而思维中的成分却会在具体形象思维逐渐增多的过程中逐渐减少。

另一方面，发展迅速的高水平操作思维。从某种层面上来讲，操作对象和肌肉动作之间的相互关系，以及规律都可以通过操作思维反映出来，而操作思维又是一种思维活动。足球运动员只有具备了操作思维的认识基础，才能进一步掌握运动技能和表现运动技能，而此时的操作思维已经不是原来的低级直观形象思维。

二、足球运动员的心理特点

（一）典型的心理特点

1. 强烈的自信心

现代足球运动要求运动员在比赛中具备更好的心理承受能力和良好的生理素质。因为随着时代的变化，现代足球运动具备了许多新特点，如复杂性、变化性强、多样性等。因此，足球运动员需要具备极强的心理承受能力，以面对来自自然环境、社会环境以及比赛最终的胜负等诸多因素的影响。对于足球运动员而言，自信是极其重要的。因为，要想在复杂的足球运动中及时做出正确判断与行动，确保整场比赛向积极方向发展，"自信心"是不可缺失的。

2. 顽强的意志力

我们可以把意识调节活动视为意志，它是一种主体能够调节或控制自身行为的一种能力。从某种层面上来看，意志具有一定的目的性，其主要体现在，在每次足球比赛或训练过程中，都有一个或多个与长期目标有关的短期目标，在此期间，运动员应当将自身潜能最大限度发挥出来。自制性、顽强性和果断性都是其所具备的显著特点。其中，果断性对比赛和训练任务的完成起到了关键性的作用。特别是在现代瞬息万变的足球比赛中，成败问题会成为足球运动员心理最大的干扰因素，从而影响运动员做出正确的抉择。

在此需要强调的是，比赛和训练的目标都不应过高或过低，应当与运动员实际情况相符，如若不然，便会对意志力的培养产生阻碍。足球运动员只有具备顽强的意志力，才能距离足球高峰更近一些。

3. 高度集中的注意力

对足球运动员来说，在足球比赛过程中，注意力尤为重要。那么，注意力都具备哪些特性呢？即注意力的范围、稳定性，注意力的分配等。足球运动员应当在第一时间洞悉对手和同伴的行动意图，在攻守配合的实施，以及完成相关技术动作时，巧妙地把控局势变化。倘若没有高度集中的注意力，那么这些事情是很难做到的。所以，在足球场上，足球运动员的注意力一定要高度集中，从而发挥出理想的技术、战术水平。

4. 果断的决策力

在足球比赛中，会出现各种问题，面对这瞬息万变的足球比赛，足球运动员一定要具备果断决策力，抓住比赛机会，进而做出适合比赛形势的技术、战术表现，使运动员比赛水平得到提高。

（二）比赛心理状态调控

1. 赛前心理准备

（1）明确比赛的任务与目标

在足球比赛前，对该场比赛任务和目标的明确是极其重要的，因为，它不仅可以使足球运动员的潜能得到最大限度的发挥，还能使其注意力更为集中。

（2）使运动员的情绪趋于最佳状态

在比赛前，部分运动员的情绪会处于不稳定状态，此时便需要教练员对足球运动员进行有针对性的心理调节，甚至可以做一些心理调节训练，使足球运动员能够缓解或消除不利于比赛的情绪，确保运动员的情绪趋于最佳状态。

（3）激发运动员良好的比赛动机

教练员在足球比赛前应当利用各种手段激发运动员的比赛动机，使其能够具有较高的参与积极性。但如果使运动员注意力过度集中，或使运动员的动机过于强烈，便很有可能导致运动员精神处于极度紧张状态，这将会直接影响到运动员各方面能力的正常发挥。

（4）分析比赛的适时状况

在足球比赛前，教练员可以对比赛中有可能出现的思维程序以及行动进行较为直接的表象演示，而后分析、制定相关的战术实施要求。从而对一些比赛中有可能遇到的困难施以应对策略。

（5）赛前心理准备工作

对于足球比赛而言，赛前心理准备工作有两个最为重要的方面。一方面，做好盲目自信、过度兴奋的不良赛前心理状态的调控；另一方面，则是对赛前水平最佳控制的激活。

2. 赛中心理控制

（1）生理因素的影响与调控

经相关调查研究表明，足球运动员的骨骼肌紧张度、内环境平衡、疲劳度、伤病等诸多生理方面的因素，都会对其情绪造成一定程度上的影响。从心理学理论上来讲，心理调节是一种控制情绪的有效手段，其实质是对生理内部的刺激压力进行适宜的控制。

（2）场外刺激因素的影响与调控

除了生理因素外，场外刺激因素也会使比赛中足球运动员的心理状态发生变化。也就是说，想要使足球运动员在比赛过程中保持良好且稳定的心理状态，我们还可以采取降低球员外界刺激的手段。那么，什么是场外刺激因素呢？这里所指的场外刺激因素包括气候条件、比赛环境、观众等。足球运动员在这些因素的影响下，会产生情绪上的波动，这时候便需要我们对场外刺激因素进行必要的把控，从而降低干扰，使球员能够将注意力全部集中在技术和战术运用上。

（3）认知因素的影响与调控

大脑的各种中枢信息是认知因素的主要来源，特别是对过去一些经验的回忆。例如，在比赛过程中，足球运动员由于受到焦虑和急躁等一些不良情绪的影响，而导致比赛最终的失败。那么，我们应当怎样控制认识因素影响呢？实际上，我们可以通过利用积极的想象来抵御那些消极的想象，如自我暗示、自我鼓励等。

3. 赛后心理调整

对于足球比赛结果而言，球员往往会产生两种心理活动，即消极心理活动和积极心理活动。针对于此，教练员应当在足球比赛结束后，积极给予球员心理疏导，如果有所需要，还可以采取一系列必要的方法进行调节，如目前被我们普遍使用的"赛后休息""心理咨询"等。特别是针对那些比赛失败的球员，要帮助他们积极调整心态，用端正的态度面对失败，并分析和总结失败原因。多多给予球员鼓励，这是在比赛后进行心理调节的主要方面。

三、足球运动的心理价值分析

（一）积极的情绪效应

1. 增加愉快体验，保持良好心境

根据相关实践调查显示，参加足球运动可使参加者在降低消极心境的同时，提高积极心境。那么，这是为什么呢？一方面，参加者为了在足球运动中，适应场上的变化形势，需要不断积极调整自己的身体状态以及心理状态。另一方面，积极参与到足球运动活动中，可以使人感受到自豪、自信以及愉快的多元化积极情绪体验。

2. 治疗焦虑，紧张等不良情绪

在生活、工作以及学习中遇到多种问题是个体所避免不了的，同时，也正是由于这些问题的存在，使个体会产生焦虑甚至是抑郁等不良的情绪。虽然从医学角度来讲，可以通过某些药物对这些症状进行治疗，并能够得到一定程度上的缓解，但其药物费用十分昂贵，且极有可能在服用后产生副作用。

从心理学角度上来讲，身体运动的加强，可以缓解个体紧张和焦虑的心理状态。而那些较为激烈的情绪，通常可以在体能消耗中被逐渐减弱，直至最后平静。事实上，足球运动便是一项高体能消耗运动，参加者可以在足球运动中，将自身内部的紧张情绪以及压力完全释放在运动中，从而形成健康积极的情绪。

（二）培养坚强的意志品质

足球运动是一项培养坚强意志力的最佳运动。紧张、激烈、艰苦、疲劳、竞争性等，都属于足球运动的显著特点。一旦参与到足球运动中，便需要付出汗水、努力和艰辛，深刻体验到训练和比赛中的种种困难。不仅如此，在面对这些困难时，还需要想办法去战胜它，打败它。疲劳、失败、挫折、受伤等心理痛苦经历都是不可避免的。因此，如果能够长时期参加足球运动，那么便可以使参与者具有较强的勤奋努力、不怕吃苦、求真务实、坚忍不拔、勇于探索、吃苦耐劳、开拓进取，以及持之以恒的精神和意志品质，使他们的意志得到磨炼。

（三）降低应激反应，消除疲劳

节奏快、竞争激烈、压力大是当今社会的显著特征，也正是这些特征，给人们的心理带来了极高的挑战。当一个人的能力无法抵挡日常生活中的消极情绪，或是不能满足相关活动要求时，其心理就会产生一系列的应激反应，而且在此过程中往往还会伴随着疲劳感。如果这时候，去参加足球运动，便可使人的最大摄氧量得到提高，进而促进其全身血液循环，提高肌肉利用氧的能力，使疲劳感得以消减。

（四）改善人际关系，形成良好性格

当代的科技、信息、经济发展速度确实很快，但在同时，人与人之间的关系也变得颇为淡漠和功利。大部分情况下，人们更多的关心于自己的事情、自己的利益，并不愿与他人分享，从而不能进一步建立相对和谐和美好的人际关系。但足球运动属于团队活动，是一项集体运动，在完成该活动过程中，需要球员之间的相互配合。足球运动员们在球场上，使用肢体语言、语言等进行交流。他们在获得胜利时，会做出想拥抱的行为，以表示自己的喜悦。在失败时，他们也会相互拥抱，以表示相互安慰和鼓励。这些都是信息的传递，都是情感的表达，而也正是这些信息的传递和情感的表达，能够使彼此更为了解，从而奠定了感情基础。此外，长时间参加足球运动还有利于形成顽强拼搏、积极向上的好性格。

（五）增强自我概念，提高人的自尊心

第一，大多数情况下，人们只有喜欢足球这项体育运动，才会积极参与其中。也就是说，人们能够清楚地认识到自己的体育兴趣。同时，在参与足球运动的过程中，会担任一些角色，可能是守门员，可能是后卫，可能是中场，也有可能是前锋，而这些角色的担任，能够使参与者形成自我概念，并在一定程度上使其增强。

第二，参与者可以通过在球场上角色的表现和发挥，而产生一种自我价值的认同感和自尊心，在接受并认同此项运动的同时，还能形成较好的精神状态。

第三章 高校足球运动教学与训练理论

身体机能的各项生理指标在与足球运动的训练、比赛中都会发生一定的变化，而这些变化都促使了运动者提高自身的身体素质，且值得相关的工作者进行研究。由此也可以看出，对一定的运动科学理论基础进行掌握是非常有必要的。本章主要分为高校足球教学的基本理论、高校足球训练的基本理论两部分，主要包括高校足球教学的任务、原则，足球运动与新陈代谢、生理变化，高校足球运动训练计划的运用以及现代足球运动训练理念等内容。

第一节 高校足球教学的基本理论

一、高校足球教学的任务与要求

（一）高校足球教学的任务

1.提高大学生身体素质

大学生阶段正是发育的时期，在运动生理学中，青春发育中的人的机体特点有以下几种。

①肌肉：首先在肌肉中其实是含有一部分水分的，并且还有较少的蛋白质和无机物，虽然其充满弹性，但肌力与耐力却存在一定弱点，非常容易导致骨骼的生长速度快于疲劳肌肉的增长，并且身体内的部分肌肉发展也不够均衡，主要在协调性差和动作不准确等方面体现出来。

②骨骼：包含比较多的软骨组织，较少的有机物、骨组织水分，还有比较

少的无机盐和存在弹性，容易发生弯曲变形，但不太容易造成骨折。

③神经系统：大脑皮质的神经细胞很容易受到内分泌腺活动的影响，从而导致疲劳感加重，工作能力也越来越低，动作的定性也并不稳定，无法集中注意力。但是神经过程的灵活性是比较高的，且有着旺盛的神经细胞物质代谢，能够迅速起到合成作用，从而重新恢复，消除疲劳。

④呼吸系统：代谢较为旺盛，呼吸肌力较弱。因为呼吸浅所以非常需要氧气，呼吸的频率加快。

⑤血液循环系统：较弱的心缩力，同时收缩压也较低，但其有着较高的血管壁弹性，因此血管外周和口径的阻力都不大。

在运动训练学看来，各项素质发展的顶峰应该就是学生时期了，特别是大学时期更为突出。通过足球教学能够使大学生的素质发展与生理发育的需要、特点等都得到充分满足。大学生在高校的足球教学中，可以从各个方面对身体进行锻炼，并且提升生理机能的水平以及增强身体的正常发育，同时也能增强抵御疾病的能力、对自然环境以适应的能力等，这些进步都是为了大学生能够在今后报效国家和立足社会中保障自身必需的身体条件。

2. 培养大学生参与足球的运动能力

大学生对于足球的运动的关注和参与程度是相当高的，在高校足球的教学之中，是可以将他们对于足球的兴趣进行培养的，使其掌握基本的足球运动知识，还能让其提升足球运动的能力以及对足球赛事保持欣赏的能力，由此来增强有关足球的知识和素养等。同时，也应当将大学生优异的智力和知识结构等进行充分发挥，以此来将自己的眼界与思路进行拓展。

首先，全面、娴熟、快速等特点是现代足球技术的发展趋势，而正是这样的趋势致使教师在传授给学生足球技术时，应该重视起每位学生不同的生理、心理和智力等，将足球技术与意志力、速度和即兴等进行充分结合，逐渐使学生由浅到深地掌握足球的技术和方法，获得足球运动基本能力。

其次，在教授高校足球战术中，教师应当让学生对足球战术的相关特征进行基本了解，使其快速对足球攻守的基本方法进行掌握，由此在之后的实践中能够巧妙地利用、组织战术；并且，学生还能通过学习局部配合方法、个人基本战术方法、全队配合方法等，拥有控制和驾驭比赛的能力。

再次，教师应当对高校学生喜爱足球运动方面加以重视，更多地提升其对足球能力的欣赏能力和参与能力，且将其作为以后人生的爱好，并且从中汲取无穷无尽的力量。

3. 促进大学生素质的全面发展

（1）足球教学的德育任务

足球教学和德育之间非常紧密的体现就是其本身所拥有的教育性。其德育表现具体可以从以下几点看出。

①高校足球的组织、竞赛规则与技术规范是非常严密、严谨和严格的，需要学生在运动中完全服从于集体的需要，并且充分融入进去，使其自身能够正确地对待个人和共性、个人和集体以及自由和纪律之间的关系，同时规范个人行为，增强组织间的纪律性，提升强大的道德意识。

②足球比赛取得胜利的原因大多都是因为队友与队友之间存在积极健康的道德情感，良好的统一与协调配合的行动，而这些情感的主要来源就是队友间不断提升的责任感和荣誉感等。于是，大学生在学习和训练高校足球期间可以对集体主义精神加以培养，提高道德情感发展的能力。

③足球的规则是存在较为具体的约束作用的，其运动的发展方向也正在朝着固定的方向进步。高校的足球教学中，能够得到赞赏的行为就是学生能够团结同伴，对教师和对手时刻保持尊重的态度；无视规则以及动作相对粗野的个人主义行为会受到大家谴责和处罚。因此，高校学生在训练和接受教学的过程中是会同时感受到自然和强制的感觉的，这既能控制和约束起学生的行为，同时还有利于良好道德风貌的形成。

（2）足球教学的智育任务

智力在一般情况下可以体现为想象力、注意力、记忆力、观察力与分析判断能力等，并且高校足球教学与智育之间的关系也是辩证统一且相互促进的。智力活动得以改善的条件就是身体素质的提升，而智育需要完成的任务同时也是足球教育的目标，可以表现为高校学生学习足球运动的基础知识和运动记忆的发展、分析培养技术与战术、评价自身行为等，使学生智力得到全方位的提升。足球教学的智育任务可体现为以下几点。

①对学生观察能力的培养。因为足球这项运动所需要的是参与者为了完成动作而瞬时间对当下情况进行判断，因此为了提高自身的感官敏感程度，学生可以经常参与足球运动。学生在学习各种足球动作时，不仅要能在教师示范观察中对动觉表象进行建立，还要做出一样的动作；并且还能观察场上多边的环境、技术的多样性与复杂性等，掌控好自身注意力的稳定程度，同时还要明确同伴与对手是怎样变化的，之后在变化的瞬间就做出反应。所以，高校足

球运动能够很好地在学生观察范围之内培养其敏锐度以及在对象选择上的精细度。

②训练学生的记忆力。首先如果想让足球教学得到充分实践,那就要保证几乎所有的时间都应放在室外进行学习,这就对学生的记忆力有了一定要求,需要他们在上课时就快速记住老师所讲的动作、理论讲解和动作示范等内容,同时记忆练习时的动作完整性、动作的联系和形成技术动作的运动表象等,以此使得记忆的敏捷性得到加强;此外,足球技战术是一种连续性的活动,而战术环节和若干技术就是其组成内容。足球的练习和比赛之所以成功,大部分原因都离不开正确的技战术环节,因此哪怕出现一点失误都会影响结果,导致失败。这样一来,学生记忆的正确性在足球技战术的训练中就显得尤为重要。由此可见,学生记忆的正确性是能够在足球的教学和训练中锻炼出来的。

③充分开发学生的想象力。在人们的头脑之中,经常存在因为加工而感知的形象,然后产生出新的形象,这一过程就是想象。学生需要不断地在足球教学中进行模仿、想象和表现,以及去体验技术动作与战术活动。特别是足球比赛所具备的想象因素是一直都存在的,如果比赛中的学生想象力太弱,那么就会缺少很多生命力。因此,学生发展想象力这一点在足球教学中的作用是非常积极的。

④提升起学生的思维能力。人类的左脑负责的主要是其进行分析的思维,还有较为合理的伦理;而其右脑则是负责其自身的情感、意志的,从提高学生创造性思维方面来说,高校足球就是很好的方式。首先就是学生进行足球教学期间,很容易在思考问题时过于激烈与快速,因此其应当学会遇到问题时,先将错误的想法排除,再进行预估做出正确的决定,这就是对自身思维速度的训练;其次,足球比赛的情况常常是会发生变化的,参赛双方的目的都是摆脱制约和将对方控制住,因此这就要求学生在调整战术时应按照实际情况灵活且谨慎地行动,不管场上发生何种变化,都应当第一时间将其处理,以此来对灵活思维进行锻炼;再次,足球技战术的变化十分繁多,而球场上的局势也时刻发生改变,这会使得学生在开展思维活动的时候非常积极。因此,学生的灵活性、独立性与速度等都是可以在高校足球教学中得到明显提高的;最后,在足球运动进行期间,学生对场上所有情况的判断都是相对独立的,需要依靠自身的理解单独完成,这将会进一步提高其思维独立性。

(3) 足球教学的美育任务

美是可以通过各种形式而表现出来的,其中就包含了体育美,同时在体育美之中又可以体现意志品质美、健康美与运动美,而最能表现人体基本美的就是健康美；而技术美则显示出了体育美的丰富多彩以及人的本质力量，从而引发人们的愉悦、赞叹和好奇；而意志品质美则体现了体育运动所需要具备的精神、原则等，同时有相似作用的还有建筑美和服饰美等。

而能够充分体现足球的美育任务的，则是培养教学过程中大学生的感受能力、鉴赏能力与表现能力等。

①培养学生的感受美能力。美的其中一个特点就是具有形象感染性，如果失去对事物的感性认识，那么也就没有所谓的审美感知了。因此高校的足球教学，就要求教师要引导学生有正确的意识倾向，并对其进行鼓励，使其能在运动中感受到自觉的审美意识和美的内在体验。同时，还要从卫生、体育的角度出发，对学生的感觉器官进行训练与保护，这也将非常有助于学生参与各式各样的审美活动。

②培养学生的鉴赏美能力。教师在高校足球教学中需要尤其注意，其应当时刻将美学原理运动在竞技常识之中，这样在足球知识的传授方面也会更加系统，还能够更好地通过视觉来对学生的运动美感予以培养，以及能在自身参与之后，进一步培养好肌肉、神经方面的美感。

③培养学生创造美、表现美能力。对普通人来说，他们会在生活中实现反作用于审美意识的事物，同时具备艺术创作才能的人们，能够将运动的各种艺术形式作为参考，随之表现为创造出比体育现实还要集中和强烈的艺术美。所以，怎样对学生健美身体进行培养，以及能与之相对应的美的行为、思想等即为美育实施在足球教学中的特殊性。首先，高校足球教学中的美育实施，就是应当先塑造学生的健美身体，以及帮助其形成健康的审美观；其次，就是将大学生喜爱足球的运动的趣味性进行培养，从而使其拥有良好文明行为与体育作风，还应当培养他们拥有表现美与鉴赏美的情感，使其有较强的独立性、自信心与创造力。

（二）高校足球教学的要求

1. 循序渐进与系统性相结合

高校足球的教学过程是循序渐进的，也是系统的。教师在高校足球教学期间，一方面需要依据科学的规律进行训练，并按照教学内容的简单、困难程度来选择由简到繁地传授足球的组织形式与联系方法，并且还要保证在发展过程中是由大到小地按照足球运动的负荷进行发展的；而在足球教学另一方面，其是按不同的周期而组成的,其中一个周期组成又可分为各个阶段。不管是任何周期、阶段的训练、教学,都是存在区别的,因此教师需要重视其对各周期、阶段内容的承接与关联等。

①教学的内容由简到繁。就比如对足球的传球技术进行学习,应首先学习脚弓传球,还有传地滚球之类的,同时在这一基础之上学习其他部位的传球,以及教授长传球和过顶球技术。

②组织方式和练习手段从简单到复杂。在练习足球技战术的过程中,学习可以先开展模仿练习,随后开展局部对抗和独立实践等,直到完成整体训练。

③运动负荷从小到大。加大运动负荷的形式应当是波浪式,教师在进行组织训练时,应当时刻把握负荷和恢复之间的关系。

2. 综合性与实战性相结合

①合理搭配技战术与技术。教师需要根据比赛的实际需要,合理地对高校足球教学的足球技术进行组织、搭配,这也是为了能让学生方便练习,并且还要为了决定技术的搭配量、难易程度等,而将学生水平的高低相联系。

②技战术还要与意识进行结合。足球技战术的生命、灵魂就是意识,教师在教授高校足球时,需要按照客观规律对足球比赛进行设计与组织,并在培养学生的足球意识正确性方面也要进一步增强,从而提升技战术的使用能力。

③技战术还要与对抗能力相结合。对抗能力对于足球技战术来说,就是其根本保证。因此在高校足球教学中,教师应当对学生掌握与熟悉技战术的程度有所了解,同时再适当地将一些对抗性因素加入进去。

3. 增强体质与促进大学生全面发展相结合

高校足球在进行教学时,几乎都是按照每位学生的不同体质进行的,这样才能进一步使学生的智力水平、心理素质和身体素质等都实现发展。由此,高校足球教学需要做到以下几点。

①树立现代的高校足球教学价值观。现代的体育教学价值观对高校体育教学提出了全新的要求,即大学生的生物学价值需要被高校足球教学所改变,与此同时,还应将其他方面,即美学教育、教育学和心理学的价值进行实现。这些也都将是对高校足球的教学质量进行衡量的重要标准。

②需要做好高校足球教育工作的各项计划。教师在对教案进行编写以及制订足球教学计划时,需要将足球的专项特点突出出来,同时还应当确保大学生

的身体在教学活动中进行了全面的训练，同时还要始终与足球教学相结合，加强其身心的共同发展。

③使教学方法和内容多样化进行。在准备、落实与复习、评价高校足球的教学阶段，需要同学生的个性特征、身心特点等相结合，确保教学内容在使用时的丰富程度，并且还可以采取多种风格样式的教学方法、手段等，促使大学生在这一过程中实现全面发展。

4.教师的主导性与学生的能动性相结合

①正确教学观的树立。师生之间的关系在足球教学中是非常重要的，需要正确且妥善的处理，这就同时要求了教师和学生在教学过程中应充分发挥自身积极性，克服教师或学生中心论的片面观念。

②将教师作为主导。教师在教学实践的过程中，应当时刻提升自身的专业素质、教学水平，实现技术全面化和发展渊博知识。与此同时，还应充分发挥为人师表作用，平等对待每一个人。而且，教师进行足球教学的艺术性、启发性等仍然需要继续提升，以此来进一步培养学生的学习动机与兴趣。

③对学生的能动作用进行充分调动。对学生效率有效动力的提升就是所谓的主观能动性，教师应当积极调动起其主观能动性，并使其对自身的学习目标予以明确，从而主动参与进学习中，同时展开大胆的实践。

二、运动生理学的概念与基本方法

（一）运动生理学的概念

生理学这门科学研究的是机体内的各功能活动，运动生理学研究的则是人体在体育运动的影响下机能活动变化规律，运动生理学是人体生理学实现应用的一门分支学科。

人们在体育运动中，其自身机体产生的各种功能的变化、发展是运动生理学所主要研究的。详细一点说，就是解释了人体在具有重复性或一次性的身体活动之中，机体内部的各种功能，发生适应性变化与反应，以及为何产生变化和反应的原因，同时再在训练和比赛中运用这些运动理论，并对运动员进行引导，使其在运动和训练中将自己学到的简易生理指标和理论等在认识并发展自身功能能力中加以运用，从而更好地去制订与安排训练计划。运动生理学的理论知识对提高运动水平、运动训练效果等有积极作用。

（二）运动生理学研究的基本方法

1. 运动现场测定及监控法

运动者在整个的运动过程之中，对机体内某些生理变化进行测定与监控即为运动现场测定及监控法。这样的研究方法除了对人体的运动规律非常符合之外，还在运动过程中，监控他们的心理变化，所以在这样的运动过程中是可以提出相应干预措施的。随着在各项目领域之中都需要开始用到无线电预测和微型磁带记录等方法，所以在运动过程中，需要能连续且持续地测定、监控重要生理功能的活动，比如心跳的速率、皮肤温度与呼吸频率等方面。

2. 实验训练法

这一方法则是指对某项内容目的进行实验方案设计的研究与执行。实验室中运动者进行的各项实验性训练，都是需要使用一定训练机械，以及各种力量训练装置进行的，并且在训练时期还应对要研究的生理功能的各项变化进行测定，以便能对训练方法，以及运动者的生理功能在条件因素中会发生什么样的影响进行了解。

3. 功能测试与评定

因为运动中的参与者其年龄、性别等都各不相同，且运动水平也完全不一样，所以在相同条件之下，测定机体内的各种生理变化或功能状态，再由此对运动的作用进行了解，即其能提升人体各项功能的作用，也就是功能的测试和评定。

三、新陈代谢与足球运动

新陈代谢的意思就是指生物体和外界环境，为了实现自我更新过程而持续进行的物质、能量的交换，主要由物质代谢与能量代谢这两方面组成。

首先是物质代谢，其指的是人体和外界环境之间，还有与体内持续进行的物质交换过程。其中包含了同化作用和异化作用这两种作用过程，且二者是相互联系，也是相互对立的。人体将食品中的营养通过外界环境吸收，并和自身成分进行整合以及储存能量的过程，就是同化作用的表现；而异化作用则是指人体在反应中对自身成分进行分解，并在体外排出代谢产物又将能量释放的过程。

其次是能量代谢，其指的是能量在生物体中储存、释放、转移与利用的过程。人体新陈代谢的反应过程是能够在足球运动中加快的，同时其也会逐渐增强能量消耗。运动者通过逐渐地训练足球运动，会让自身的机体组织逐渐提升细胞内酶系统的适应能力，以及进一步激发酶的活性，也能使得运动者会更快地和更充分地将机体的能量物质加以恢复，使其上升到更高层次的训练水平，人体内部的各器官系统功能也因此得以增强，充满活力，实现身体真正的健康。与此同时，新陈代谢也可以体现出人类生命活动的重要形式，而如果体内新陈代谢的能力逐渐消失，也就说明这个人的生命即将结束。

四、机能变化与足球运动

（一）运动前状态和准备活动

1. 运动前状态

（1）运动前状态的生理变化及产生机制

运动前的状态之下，运动者的生理变化一般都是通过神经系统的兴奋程度来判断的，如体温上升，物质代谢速率加快以及内脏器官活动的增强。比如，一些人在运动前的心跳会加快，体内的吸氧量与肺通气量增加，而且还伴随大量出汗和尿频现象。人在运动前的状态、心理反应、功能状态及比赛程度大小等之间都存在很大的关系。比赛的性质越重要、规模越大、时间越接近，那么人的反应也就会越激烈和明显。除此以外，运动者赛前的反应增强还体现在其准备不充分、情绪极度紧张和缺少参赛经验等，这些比赛前状态的产生机制都是能通过条件反射机制进行解释的。运动员在日常训练和比赛中，能对其形成影响的方面主要体现在运动器材、场地、对方表现和观众上，而这些所产生的影响也会相应地结合其机体肌肉活动的生理变化。这些信息在一定时间之后，就会形成条件刺激，而运动者只要面对这种刺激就会在赛前表现出一系列的生理变化，从而形成条件反射。与此同时，由于是在运动训练和比赛中产生的生理变化的形成范围，因此这样的生理机制就是自然条件反射。

（2）运动前状态的生理意义及调整

①准备状态。这一状态较为典型的特征就是将大脑中枢神经系统的兴奋程度进行了提升，且逐渐抑制住了内脏器官、植物性神经系统的惰性，使其有效地缩短了从静止状态到工作状态的时间，同时这样也会更能体现出技术能力的

发挥，并提前进入比赛状态，抢占先机。

②起赛热症。该状态的特征就是其中枢神经系统的兴奋度较高，一般出现的生理反应是较为消极的，包括寝食难安、紧张过度和喉咙发堵等。这些状态的发生都会减弱运动者的机体工作能力，从而无法在比赛中呈现出好的状态。

③起赛冷淡。这一状态基本可以表现为在比赛前，其中枢神经兴奋度是比较低的，这时也就会有超限抑制的现象出现，这种现象有身体反应较迟钝和对比赛态度冷漠的表现，导致机体面对比赛时并没有一种良好的工作状态。

（3）调整运动前不良状态

这是在运动之前非常自然的一种条件反射，也有着很强的可塑性。为了让运动员的运动能力和比赛状态有所提升，运动员和教练都要重视起赛热症与起赛冷淡的问题，一旦真的出现类似情况应及时地做出对策，让其准备状态做到最佳。一般就是对运动员提出要求，使其不断提升心理素质，积极参加各种比赛，同时比赛态度也要端正，从而多多积累个人经验；在比赛之前将自身的状态调整好，若是运动员的状态较为低沉，那么可以在准备活动适当加大运动量；若是比赛之前运动员过于兴奋，那么就应减少赛前准备的运动量，多做一些具有娱乐性和轻松一些的活动，从而转移运动员注意力。

2. 准备活动

（1）准备活动的生理作用与机制

①对中枢神经系统的兴奋性有所改善，还能使内分泌腺的活动逐渐活跃起来，如此一来，这就能够使训练和比赛期间的生理功能更加快速地达到稳定状态，与此同时还要做好扎实的准备。

②将显著改善氧运输系统的活动，心输出量、肺通气量与吸氧量等得以加强，从而也促使心脏、骨骼肌中毛细血管网扩张，以此提供给工作肌更多氧气。

③适度升高体温。运动员的肌肉在进行准备活动期间会反复地出现收缩与舒张等情况，这都是为了进一步使代谢体内物质的能量加快，同时产热的过程也会加强，体温由此升高。在体温上升之后，酶的活性也由此得到强化，体温上升1℃，代谢率就提升13%。神经传导的速度也会因为体温升高而加快，肌肉收缩速度在加快后还会使得氧合血红蛋白的解离速度加快，加快供应氧气。

④能使皮肤血流量得到明显增强，加强散热能力，从而避免在比赛或正式训练时让体温超过正常范围。对于之后的比赛与训练来说，准备活动的作用可以说还是存在一定积极性的，其最为主要的生理机制就是之前进行的肌肉活动在神经中枢相应位置的兴奋性提升度留下的痕迹。正式训练时的中枢神经系统

兴奋性会因为相应生理效应而得到明显的提高，并且还可以非常有效地改善调节功能的作用，将内脏器官中的某些功能存在的惰性都予以克服，从而达到增强体内反应速度的目的，并让运动员的比赛水平达到非常良好的状态。但实际这样的痕迹效应的持续时间并不长，一般在准备活动的45分钟之后就会消失。

（2）准备活动的内容与顺序

①准备活动在通常情况下，其强度是比正式训练、比赛时的强度要小的，这是为了避免因为身体过度疲劳和存在消极影响，从而在比赛之中无法实现最佳状态的转换。在调查各种项目准备活动中可以发现，不管是哪项运动项目之间，都是有很多差异个性存在的。足球运动员就可以与足球运动的专项特点相结合，在顾及季节气候、运动员个人习惯和比赛前心情活动的同时，进行合理的准备活动。

②对待时间间隔的设置问题需要进行认真考虑。古巴一位棒球教练曾为了研究棒球投手试投和正式投的时间间隔而使用到了超量恢复理论，然后他得出结论：间隔时间最好保持在3～6分钟，这是因为这一期间是准备活动结束后，人体开始短暂休息的时间，并且身体机能也在这时开始恢复到上升期，所以这将是间隔的最佳时间。

③一般性准备活动和专门性准备活动都属于准备活动的内容。其中，对于正式比赛内容来说，专门性准备活动中，保持基本一致的有动作结构、强度与结构等。因此在进行足球比赛中，不容忽视的一个环节就是赛前的准备活动。

（二）进入工作状态

1. 进入工作状态的生理机制

人体会受到的影响一般有物理惰性与生理的影响，通常由下面两点表现出来。

首先，其形成在人的行为反射中，无论自主或是反射活动，都是为了对中枢神经系统进行整合、控制而完成的。神经冲动在感受器中将刺激能量进行了替代，而经过了神经冲动的突触传导、传递；中枢间功能活动的肌肉收缩与协调等，这些都是需要时间去完成的。神经反射时间越长，就表示动作技术越复杂。

其次，人体的肌肉活动之所以能够获得能量与氧气，并且还能将代谢的产出清除到体外，是因为内脏中各个器官的协调活动与配合。

2. 影响进入工作状态的主要因素

要想明显地提高体育锻炼的效果，就要尽量快速地进入工作状态。而工作状态进入时间的长短则取决于运动的强度、赛前状态、运动训练的水平以及机体的工作状态等。

一定的运动负荷中，机体的工作强度实际上是逐渐升高的，所以工作状态的进入时间也会由此缩短很多。但进入工作状态缓慢，则表示人体肌肉的活动变得复杂、活动变换也逐渐频繁。所以，运动员的训练水平高，进入运动状态的时间就会越短，反之，运动员的训练水平低，则进入状态时间就会长。通常来说，成年人进入工作状态的时间比儿童少年是要慢很多的。

运动者的动机得以激发，大多都是因为训练场地与比赛场地的条件良好且气候适中，能够很快地将身体各机能充分调动起来，从而更快地进入工作状态。对于缩短机体进入工作状态的时间上说，其中起十分重要作用的是良好的运动前状态与充足的准备活动。

3. "极点"与"第二次呼吸"

（1）"极点"及其生理机制

运动者在进行持续和一定强度的周期运动时，一旦运动到一定程度就会有相对极端的生理反应出现，症状通常表现为呼吸苦难、胸闷气短、反应迟钝和心跳加速等，即"极点"状态。有事例表明，"极点"出现的时间、运动水平的高低与反应程度的强弱是成反比的，也就是说，"极点"的出现会随着运动水平的升高而变得缓慢，自身受到"极点"的影响越小，那么其克服能力也会越强。运动前要做到良好心态的保持，"极点"的出现可以是准备活动都完成之后可以延迟出现的，这样一来就可以减轻其反应的程度了，也可以说，"极点"是运动者始终保持工作状态阶段的一种生理反应。

（2）"第二次呼吸"及其生理机制

在出现了"极点"之后，运动者需要拥有坚强的意志力，迅速调整好自身的身心状态，将呼吸和运动的节奏做适当的调整，这样就会减缓一些不太好的生理反应，直至消失；同时，运动者的动作也会变得更加协调，身体和心理上也会逐渐放松，呼吸顺畅，这种现象也被叫作"第二次呼吸"。

第二节 高校足球训练的基本理论

一、运动训练理论与高校足球训练

高校足球运动在足球运动的不断发展中也在不断被普及，科学、合理的足球训练也使得足球技战术的水平普遍提升。当然，训练时不光要具备科学合理的训练手段与方法，还有最必不可少的就是实践活动需要全面系统的理论知识来进行引导。所以，对于发展高校足球运动来说，对足球训练基本理论的掌握也是非常有必要的。

将运动训练学理论运用到足球运动训练的理论之中，可以非常明显地体现出其成果在具体的运动项目中是有着一定指导作用的，并且也逐渐显现出了运动训练学研究的重要目的所在。

（一）运动训练理论与足球训练过程的关系

1. 运动训练理论能科学地指导足球训练过程

运动训练学就是为了对运动训练规律的理论学科进行研究，其研究出的成果可以很好地解决训练中各运动项目中面临的有关规律性问题，同时进行概括和总结运动实践，最终得出训练的理论。详细来说，运动训练理论之所以成了对其普遍规律的解释与应用，是因为对其简单的运动训练实践经验进行了总结发展。运动训练理论的研究领域是非常宽泛的，同时涉及的地方包含了整个运动训练的过程，以及在训练中会体现的整体内容等，如运动训练的目的、参与者原则内容、对过程的控制与影响因素等。

由于足球运动的训练是一个相当漫长的过程，因此为了实现让人意想不到的结果，就应首先考虑到相关于运动训练的某方面因素，从而进行合理安排。足球训练的过程之中，它的组织者遇到的一般都是具有理论性以及时间方面的问题，具体包含了球队的训练目标、参与训练的运动员与教练员以及在不同阶段训练时的方法、内容等。而在此之前，我们还需要解决一种问题，也是理论性的问题，即近些年来的足球训练理论中，那些我们能轻易观察到的薄弱与欠缺的部分，具体包含了组织和控制足球训练的过程、训练过程被深入详细地分析后的影响因素等。

在长期地对运动训练学进行充分研究后，得以获取到了很多有效的研究成果，而这些都将在足球的运动训练中体现出来，并都能起到积极作用。

2.足球训练过程可以能动地补充和完善运动训练理论

运动训练学这一理论，是在训练实践经过了持续不断地概括、总结后所得出的，各运动专项训练实践的发展，特别是其研究成果在很大程度上都推动了运动训练学理论的发展。在对运动专项训练理论进行长期的研究之后，得出的成果数之不尽，而这些成果中理论性较强的，可以说不仅奠定了运动训练学理论在建立与发展的基础，同时也让连续发展成了一个理论体系，目的就是能够深入、细致地阐述有关运动训练过程和一些基础理论的普遍性、共性等问题。而有关这一运动训练理论的事例有很多，其中具有代表性的就是竞技能力的影响因素分析，以及运动训练学理论中的周期性训练原理等。这些因素的来源都是对运动专项的训练实践进行概括总结得来的，这对于运动训练过程来说将是十分坚实的基础。

因为导致足球运动员竞技战力的影响因素是多种多样的，所以在一定程度上也就说明了足球运动训练过程是同时具有多样性与复杂性的。在当今世界足坛的竞赛体制与训练方式中，市场化运作的特征与职业化要求有着十分充分的表现，可以看出，足球的训练体质被赋予了更高层次的要求。在足球训练的方式与体质上，其相关的因素都在进行着不断的改进与变化，这将积极地促进运动训练学基础理论的发展，同时也更好地开辟了运动训练中的新研究课题与创新。

（二）运动训练理论的建立与发展对足球训练的影响

1.对足球训练过程的特征有更全面的认识

按照运动训练学理论的观点，训练过程的完成一般包含的基本环节有六个：对运动员的起始状态进行诊断—确立训练目标—制订训练计划—实施训练活动—对训练过程进行检查和评定—实现训练目标。

能够看出，这种训练过程还是较为系统和完整的；而足球训练的主要目标就是让运动员良好地利用起足球技战术的发展能力，并能通过比赛充分进行发挥。而为了对该目标进行实现，其主要依据应是运动员的实际情况，从而尽快地明确训练目标，且按照主要依据来对阶段性的计划进行制订，科学、合理地对各阶段训练计划以实施，评定实施的结果，同时再从全面客观的角度对教练和教练员进行结果反馈，实现各个阶段的连续，最终实现目标并迈进总目标。

为了能较为全面、完整且系统地了解运动训练的过程，以及理解和认识足球训练过程的重要特征，运动训练过程的基本特征将主要体现在几个方面：①存在连续性和阶段性的基本特征；②存在群体性的基本特征；③存在适应性的基本特征；④存在可控性的基本特征。

2.能提供对足球训练过程以分析的理论数据

有许许多多的实践都表明，一个优秀足球人才的培养是非常难的，所花费的时间也相当长。一般情况下，在运动训练学理论方面说，多年的运动训练过程的构成离不开基础训练阶段、专项提高阶段、经济保持阶段等内容。每个阶段的训练内容、任务和运动负荷方面的要求都是存在差别的，且这三个阶段也是持续增进的关系。

（1）基础训练阶段

该阶段针对的人群一般为少年运动员，其具体任务基本上就是培养其兴趣爱好，并对运动训练的基本规律有一个良好认识，由此获得基本的足球比赛能力。主要内容则主要包含了运用足球基本技战术的能力、各个方面的身体素质和对足球比赛规则进行初步认识等。

（2）专项提高阶段

该训练针对的人群主要为青少年运动员，其具体任务一般为身体素质的提升，更为全面地了解足球技战术，从而使比赛的竞技能力也得到有效提升。而该阶段的主要内容则包含了增强对抗性与实战型的练习，同时有机地结合起比赛与所学技战术，从而提高比赛中的竞技能力。同时在训练运动员的专项能力的情况下，也将对其心理、身体的素质进行全面提高，这些为比赛最后取得优异成绩奠定了良好基础。

（3）获得并保持竞技能力训练阶段

该训练阶段针对的是19岁以上的运动员，他们的训练任务主要包含高质量身体素质的持续发展，且进行良好的维持，并通过各种比赛来增加经验，同时创造性地发挥技战术综合运动能力。其训练的主要内容则包含以往比赛的经验、实战比赛的模拟训练以及运动员的竞技能力等。

3.进一步促进足球训练过程的结构的优化

运动训练学中，足球运动的竞技能力有五个：①体能由力量、速度和耐力等基本素质表现出来；②技术动作运用的稳定性，能进一步体现运动员的技术能力；③对自身各项能力的发挥，将对方的能力进行限制，及其在各战术方法的运用水平中体现出来的战术能力；④影响技战术能力的发展与提高的智力、知识水平；⑤因心理调节能力与意志品质而体现出来的运动员所具备的心理能力。以上也可以看出，运动员足球竞技能力机构的构建过程，即为训练的整个过程。其特征基本可分为互补性特征，以及不平衡、多样性特征。

4.对足球训练过程科学化的进程有促进作用

我国足球虽然在发展上有了一定进步，但其科学化进程依旧不算很快，改革进程也相对迟缓，这种情况的延续会导致中国的足球运动还远远达不到世界足球运动的水平。并且也有很多实践表明，在足球运动训练过程中运用运动训练学理论的研究成果，将会非常积极地促进我国足球运动训练水平的提高，主要表现为下列三个方面。

①能够积极促进我国提升足球训练方法。决定足球运动训练过程效果的因素多种多样，主要是要有科学性的训练方法和手段，同时还要准确地对训练的要求与标准进行把握，并通过正确地认识、理解这些因素，而去极大地提升运动训练理论的应用形式、范围等，同时还能提升训练效果。

②在很大程度上提升了我国足球工作者对运动训练过程的科学认识。足球比赛是有规律性存在的，认识与把握竞赛规律对以后足球训练的进行来说也是非常有力的基础。

③可以进一步提高我国足球训练过程的科学化监控水平。训练的效果评价、标准和要求等，这些在运动的训练过程中都是要按照对应指标来进行科学验证的。在足球的训练过程中，科学监控有着十分重要的作用与地位。将相对科学的监控手段广泛运用在足球运动训练过程之中，除了能有效提升训练科学性以外，还能紧密结合起监控手段与教师、学生的个体经验，有力地保证在每一个训练阶段以及每节课都能达到良好的训练效果，从而有效地将足球训练的效果、质量等提升起来。

（三）足球训练过程中运动训练学理论的应用要点

在足球训练的过程中，运动训练学理论是能够在其中有积极指导作用的存在，同时也会在一定程度上影响足球的训练，这些都是能够将运动训练学理论的重要意义反映出来的。下面将把运动训练过程中的特征与一般规律当成主要依据来对应用运动训练学理论的几个要点进行阐述。

1. 运用系统的思想深入了解足球训练过程体系

运动训练过程的体系是相对完整的，但足球训练过程的运动体系也是十分独立与特殊的。如果想要分析这一相对特殊的训练体系，那么非常重要的一个手段就是要具备系统的思想。也就是应当全面地分析与把握训练体系中的各个因素，并能比较准确地去理解其应用，做到有针对性、有步骤和有计划地对各因素的相互作用进行调节，直到实现充满目标与方向的训练过程，还有对完整、系统的训练全过程都进行掌握。

2. 运用科学的理论细致分析足球训练过程的结构因素

我们在大量的运动训练研究中可以发现，除了运动训练过程的基本研究都已经被研究了，而且还能得到较为充分的论述。通过研究，人们不仅在一定程度上已经认识了各结构之间的相互关系，并且还能在实践之中将其进行准确利用。科学、合理分析足球运动训练过程的主要内容一般都包含了将基本规律运用在足球运动训练之中，同时能够准确把握在比赛之中，足球训练结构的各因素是什么；将主要依据设定为足球竞赛的基本规律，从而合理地安排运动训练的各个方面。这也说明了，只有对足球训练过程结构的各因素进行相互作用，才能由此取得理想的训练结果。

3. 运用长期目标对足球训练过程计划进行明确

运动训练的长期性、阶段性是决定运动训练拥有较强计划性特点的重点所在。而运动训练的阶段性目标和最终目标，是能够非常积极地促进训练计划制定的，其中较为显著的表现就是为制定训练奠定了非常重要的前提。关于长期进行的足球运动训练过程，合理的训练计划是非常重要的存在，就是因为要一步步实现阶段性较小的训练目标，才能较为快速地对总的训练目标进行实现。因此要想最终得到自身理想的成果，就应当确定目标，将运动训练做成稳定、长期和有计划的整体过程。

4. 运用有效的手段更好地掌握足球训练过程方法

一个有效的训练手段与方法在足球运动的训练过程之中，对于决定训练任务完成情况来说有极大的促进作用。要想进一步认识训练的方法和手段，一般都有两种方法。一是将主要依据确定为训练的任务，接着才能提出训练要求。因为有些情况需要按照效果要求进行改变，这在很大程度上决定了最终会取得怎样的训练效果，而训练效果的最终取得也应该具有针对性地好好利用起训练要求。二是对练习时的内容、方法等进行统一，训练的形式、内容是能够相互影响的关系，只有对其进行合理的分配，才能最终得到想要的训练效果。

5.运用适宜的标准更加科学地建立足球训练过程的评价体系

在结束了足球训练之后，需要全面、系统、科学和客观地去评价训练效果、既定目标有没有实现，还有一些运动员在比赛期间到底是否发挥了技战术的运动能力等，这些都是对训练过程进行控制的必要步骤。

在制订评价指标时，除了要符合训练任务的要求，还要充分反映出训练任务的完成情况，以及对其进行综合性的评价。同时，也正是因为各训练阶段都有着不同的训练任务、目标与内容，因此存在差异的还有评价指标。

二、高校足球运动训练计划的运用

（一）多年训练计划的运用

1.多年训练计划的概念与特点

球队在多年训练的年限之内，其全面的训练工作所做的拥有全局意义战略性框架式的，最上位也是长期性的总体规划，即为多年训练计划。

对多年训练计划来说，主要是为了组队预期目标能得以实现才会制订长远总体规划，因此这种训练的指导作用将非常有利于今后的发展。制订阶段计划与年度计划时，应当将多年训练计划作为主要依据，并且其年限的确定是以预期目标和球队性质作为其主要依据的。

2.制订多年训练计划的基本步骤

①客观且全面地对全队现状加以分析。只有经过对队员的全面了解和日常观察，还有将其队内的构成、技战术水平和身体素质、文化水平等情况也同时进行认证与分析，才能冷静和客观地评价全队状况。

②提出并明确预先设定的训练任务、指导思想等。首先，就是足球的基本发展情况，为了提高训练的指导思想，就需要明确队员的实际情况和训练的目标、任务等；其次，就是应当时刻遵循核心原则，即要从实战出发，建立科学且客观的足球训练目标。

③对各训练阶段的任务和主要内容，以及训练分段等进行确定，其主要有两种形式，即全程性训练计划与区间性多年训练计划。其中，训练分段以及其重点内容、主要任务在不同的阶段都有充分体现。

④科学、合理地对运动负荷与比赛序列等进行安排。不同的训练阶段在全程性多年训练中，其训练负荷的要求也都不尽相同。例如基础的训练阶段中，应当对训练负荷进行循序渐进的安排，但同时要注意不应有过大的训练负荷；而在专项提高和最佳竞技阶段，要增加训练负荷就应先以一年为单位，并且不断逼近负荷的极限，使其始终在高水平的区间内起伏；到了竞技保持阶段，足球运动的训练负荷就应开始保证适当的减量和保持其原本的强度。

（二）年度训练计划的运用

1. 年度训练计划的概念和特点

我们所说的年度训练计划，就是把多年的训练计划进行细化，让其变为以年为单位周期的训练计划。这一训练计划的制订与进行是需要将多年训练计划中所规定的内容、任务、要求，还有上一个年度的训练结果情况为主要依据的，属于战略性框架式上位计划。

2. 制订年度训练计划的基本步骤

①全面地对全队情况进行分析。能够较为全面地认识和了解全队的初始情况、上一年度的训练进展和存在的问题，同时要从球队当前的身体、心理和技战术作风方面的实际情况出发，并做相对全面、细致的分析。

②确定并提出当年的奋斗目标与科学的训练指导思想。其前提应为我国的足球训练方针，并且提出合理的且适合本队的训练指导思想。在对奋斗目标进行确定时，需要考虑的因素应当是当年力争的能力水平、训练效果与比赛成绩等等。

③进一步明确训练的主要手段与任务内容。在对训练任务进行确定时，需要对身体发展素质、作风培养和技术战术能力等进行充分考虑，并且还要能详细地将这些方面都列出来；此外，在确定训练任务时还应当反映出本年度的训练特点，且确定训练手段主要看其实效性以及是否符合任务内容。

④训练阶段要进行合理划分，同时要科学地对阶段任务进行安排。在划分阶段，需要按照全面拟定参加的主要比赛来确定它们的周期，并分成准备阶段、

竞赛阶段和过渡阶段这三个阶段，每个阶段中的时间也都应该按照实际的需要来进行确定。

而在划分结束之后，就应列出各阶段中的各项内容。其中主要包括了训练时数与课数、阶段所处月份、主要训练的内容百分比、主要训练任务以及负荷量等。

⑤有效地制定训练效果监测与保证措施。为了制定效果监测，可以实施考核、测评与统计等措施，但仍需重视起来的是应当在训练计划中列出其内容、指标与项目。制定保证措施也主要是为了能够从多角度出发来完成年度任务。

三、高校足球运动训练的负荷安排

（一）运动训练负荷大小的决定性因素

1. 运动员的承受能力

一般情况下，在运动训练过程中确定训练负荷量时，标准都是要不超过运动员机体整体内部能够承受的最大负荷限度，但要是超过了该标准，那么就会被看作是非常严重的运动损伤，甚至还可能变成运动性疾病，从而无法展开运动训练。所以，决定训练负荷的一个关键性因素就是运动员的承受能力。此外，对其承受能力有其他不同程度影响的还有性别、年龄、训练水平和健康状况、心理状态等因素，这表明训练负荷要依赖每位运动员的实际情况。

2. 专项竞技的需要

因为各竞技项目的特点都是不一样的，所以在运动训练的负荷要求方面也应当有一定差别。具体应表现在负荷侧重点与负荷大小两方面。在足球运动的训练过程中，只有将比赛中的实际需要以及足球的专项特点作为主要依据，以此来对训练的负荷量进行制定才能最终使得训练效果最大化。由此也能够看出，从很大程度上来说，比赛的时机与专项特点等无一不决定了训练负荷量的大小。

3. 训练的周期节律

周期性特点在运动训练的整个过程里，在各构成因素中都能体现出来，其中包含了提高运动员的机体能力、人体的生物节律、运动员训练比赛的客观环境以及竞技状态的发展变化等。此外，能够体现周期性特点的还有各种技能、体能与心理能力的自我结构，以及面对每个阶段的训练目标，对负荷量的要求也会随之产生一定差别。因此，训练活动的周期性特点已经在很大程度上影响了负荷量大小。

（二）判断训练负荷适宜程度的方法

1. 从生物学的角度进行判断

运动训练的过程里能反映不同量能在不同程度上影响运动员的机体的原因，一般在生理与生化的指标中可以得出。同时，判断的方法也在运动训练的实践中提升了自身要求，也就是简便、迅速和准确。于是，大部分教练员用来判断训练负荷是否适宜的指标就成了心率，除此以外还能对此进行判断的还有血液与尿液，但相对来说这两个相对复杂，所以实行还不够广泛。

2. 从心理学的角度进行判断

运动员在日常训练的过程中，影响其心理反应的因素主要包含了其承受到的训练负荷、情绪、意志、动机和情绪等，其中最为重要的影响因素就是训练负荷。很多实践都说明了，不管是怎样的心理反应，都可以充分地表现出人的主观感觉、生理变化、实际活动与心理操作等。

3. 从教育学的角度进行判断

通过在平常运动训练中对运动员训练的欲望和训练中的表现，以及其完成客观指标的情况等方面进行了解与观察，从而对训练负荷的适宜程度进行判断，即为教练员经常使用的方法。

不仅教练员要对负荷适宜程度进行判断，运动员也需要进行自我判断，判断时可以运用一些简单的指标，基本包含了睡眠、食欲和自我感觉等。运动员通过观察这些指标，再将这些结果给教练员及时地反馈上去，使其能够充分把握负荷的适宜程度并做出调整。

四、现代足球运动训练理念研究

（一）现代足球训练的原则

①循序渐进的原则。而遵循这一原则主要体现在训练的强度、难易程度与负荷量等方面。由此不仅能够取得理想状态下的训练效果，而且还能减少失误。

②区别对待的原则。区别对待原则是指在运动训练过程中，要根据训练对象的特征、不同专项、不同的训练状态、不同的训练任务以及不同的训练条件，科学地确定训练目标、内容、方法、手段和运动负荷等。

③目的性和针对性原则。要学会适当遵循有针对性和目的性的一些原则，这其实是能够促进技战术水平提高的。

（二）世界足球训练的特点

1. 对抗的真实性较为突出

该训练特点主要在欧美各国的足球训练中体现出来，对抗的训练呈现的是一种攻守对垒的外部形势，并且其特点为对抗的真实性、强度等，在训练过程中要让运动员认真、积极地去思考所要采取的动作方法，以及让其对比赛时的具体情况进行体会，建立心理基础。

2. 快速与简练的有机结合

足球的训练过程中，其动作需要快速且简练。主要分为两方面，一方面是加强触球的练习，有很多练习都对一次触球这点进行了规定，所以一定要早日养成快速触球的习惯；而另一方面则是在训练与比赛之中，队员盲目的盘带并不多，因此会经常快速和简练地对球进行处理。

3. 分队进行比赛

该方法除了能够将队员的兴趣大大提升上来外，还能为其灌输一种先进思想，即用不同的形式来对技战术进行灵活运用，从而进一步提升他们之间协作配合的默契程度。一般情况下，训练课结束后通常会安排一定的时间来进行分队比赛。

（三）中国与欧美足球强国之间的主要差距

1. 技战术风格

（1）欧美各国的技战术风格非常统一

在欧美足球等强国中，不管是青少年还是高水平成年人，他们的足球训练都有相对统一的技战术风格。即便是各强国的风格不尽相同，但影响都是相互的。

就比如法国足球，其之前一直是处于中游地位的，而为了对现状进行改变，其采取了一系列的有效措施来确定今后足球发展的方向，主要包含了对本国足球具体情况、世界足球发展趋势等的研究，定位学习南美足球技战术风格以及对欧洲运动员的身体训练作全面而深入的了解。就这样，在历经15年努力之后，法国终于成为世界杯上的冠军，这一荣誉也标志着其已经是世界足球强国之一。

（2）中国足球的技战术风格没有实现统一

我国的足球技战术风格从始至终都没有形成统一。问题的焦点大致在于各领导没有对中国的技战术特点做过细致深入的研究，而只是一味地对其他国家的风格进行模仿与学习，最终结果就是不仅没有形成统一的战术风格，还让国内的教练员造成了思想混乱。也正是因为技战术的发展方向不够明确和统一，所以其指导思想也就没有系统性的技战术打法，因此我国的足球运动水平状态也一直很不好。

2. 训练方法方面

（1）欧美足球强国以对抗、实战训练为主

在欧美足球先进的国家，青少年从十岁出头就已经开始对抗训练了，这对于以后加入成年队是起到重要基础作用的，因此也就自然实现了训练一致的目的。这种突出对抗的训练方法，其特点就是能够在足球强队中得到充分利用，并且如此积极的方法，除了能让队员面对战况激烈的比赛有一定适应能力外，还能让其始终有进攻的劲头，给对手从心理和气势上形成一定压力。此外，伤病在这种对抗中是难以避免的，这也在一定程度上阻碍了运动员身体的恢复。

（2）中国足球队员怕紧逼、怕对抗

中国的训练理念是相对落后的，经常采用的训练方法和内容都是以非对抗为主的，但这种类似的方法在实际比赛中并不适用。同时，对成年队来说，足球运动员高速度、高强度的激烈对抗也并不多见，所以这种训练方法脱离实际，且得不到实际训练效果，也就更别提同其他欧美足球强国进行对抗了。

第四章 现代高校足球运动的教学设计

高校足球教学的主要途径是学生的身体练习,通过合理的、科学的体育锻炼,达到增强体质、增进健康和培养良好意志品质的目标。课程的设置本着循序渐进、由易到难的原则,提高学生参与兴趣。通过游戏竞赛、小组合作等多种训练方法,使学生通过系统的学习掌握足球的基本技术、战术和理论知识。本章主要分为足球教学设计基本理论、高校足球教学计划设计、高校足球教学目标与学习内容设计和高校足球的教学评价设计四个部分,主要包括高校足球教学设计的任务与要求,教学内容和教学重点、难点及关键的确定,学习与教学方式的确定,高校足球教学目标的设置等内容。

第一节 足球教学设计基本理论

一、高校足球教学设计基本理论

(一)现代教育理论

1. 体育教学的基本理论

体育教学的基本理论是对体育教育的规律性总结,是指导体育教学设计由经验层次上升到理性、科学层次的一个基本前提。足球教学规律通常要借助于科学的足球教学理论体现出来。足球教学设计要根据足球教学理论和足球教学方法设计。

足球教学设计的教学方案和教学措施要遵循足球教学基本规律的指导，并要和学生的实际情况相结合。在足球教学中，一些教师不能正确使用足球教学理论指导其足球教学活动。这些教师不能使用足球教学理论指导足球教学的实际规划，一旦在足球教学活动中肆意发挥，这导致足球教学活动实际上处于一种无序状态，足球教学的质量也因此下降。对于经验丰富的教室来说，如果不重视足球教学理论的指导，在教学时会受到足球教学经验的影响，从而获得不良的教学效果。

因此，足球教师要根据足球教学理论的指导来设计足球教学，在足球教学活动前进行精心的设计，打破经验主义的限制，使足球教学达到最佳状态，从而获得高质量的教学效果。

2. 终身教育理论

人的一生是在不断学习的过程中度过的，终身学习的过程需要一定的学习条件和学习空间。优质的学习时间和学习空间对于人才的发展有非常重要的作用，对于足球教育来说也是如此。

随着足球运动的不断发展，足球理论知识不断更新换代，高校学生需要学习足球的知识也在不断变化，在这种情况下，终身教育的理论就产生了，因此，终身教育的理论是足球教育发展到一定程度的结果。终身教育理论的发展和社会的发展有一定的关系，但这是多个原因共同发展的结果。根据实际情况分析，终身教育理论的发展和社会因素以及教育因素都有一定的关系。

（1）外部社会客观因素

①科学技术的快速发展促进了终身教育理论的产生。20世纪之后，在科学技术快速发展的情况下，人类社会的发展也出现了巨大的变化，人类的生活方式和社会习俗都发生了巨大的变化。此外，科学技术的快速发展使知识的更新速度不断加快，社会的发展也导致了人们的思想观念的不断变化，因此需要不断学习新的知识。对于足球教育来说也需要不断学习新的知识。

②人口的快速发展和老龄化问题的不断加重也促进了终身教育理论的发展。20世纪70年代以后，人口问题愈发严重。人口的数量不断上涨，学校的入学人数也在不断增加，学校教育受到严峻的考验。从我国的情况看，在很长一段时间里人口对教育的需求超过了学校教育能承受的极限。

在很长一段时间内，这个问题一直存在。这也造成了教育资源和受教育人群之间的矛盾。随着社会的发展这种矛盾不断加剧。尤其是在我国的高等教育领域。现阶段我国的高等教育不断进行扩招，但还是有很多青年人不能接受高等教育。解决这个矛盾需要对教育方式和教育理论进行变革，需要将封闭式的学校教育系统开放，实施社会大教育，普及终身教育的理念。

因此，社会教育和终身教育能够在某种程度上解决我国庞大的人口数量和教育资源之间的矛盾。

③民主化和信息化在一定程度上推动了终身教育的产生。20世纪之后，现代社会的核心观念转变为民主的观念。全世界的不同地区都在推行民主化。社会民主化不但影响社会经济和政治，教育领域也受到了很大的影响。教育民主化的呼声越来越高，终身教育理论则是教育民主化的一个重要内容。

此外，现代社会的信息化特点非常强。信息化社会有两个特点。一是信息量非常大，信息呈爆炸性增长，即"知识爆炸"；二是信息的更新速度非常快。这显示着人们不能掌握全部的知识，人们需要不断选择知识，对自己已经掌握的知识进行更新，从而紧跟社会的发展。

（2）内部教育主观因素

终身教育理论的发展也有教育本身发展的原因。在先前的教育理论中，存在一定的缺陷，不能满足社会的发展需求，从而促进了终身教育的发展和形成。传统教育具有阶段性和终极性的特点，是片段性的教育。但是人的一生都需要不断地学习。传统教育模式有明显的缺陷，它导致学校教育与社会教育脱节，学校教育与社会需要之间的矛盾由此产生。

终身教育建立在"学会认知、学会做事、学会共同生活和学会生存"四个支柱之上。终身教育的实施需要多个教育环境的共同配合，各个教育部门之间需要加强联系，保证终身教育的教育理论的实施。终身教育的教育理论应用到足球教育中对足球教育产生了巨大影响。

3. 合作教育理论

关于足球教育中，师生之间的认识关系问题，有学者提出了合作教育的理论。合作教育理论的核心是塑造新型师生关系，以充实教育理论的不足。合作教育理论对足球教育产生了巨大影响。

在师生人际关系方面，合作教育理念打破了传统的师生之间服从的管理，而是建立起了平等的师生关系。在这个理论下，教师不会强迫学生完成学习和训练，教师的主要责任是激发学生的学习主动性。在实际的教学活动中，教师要尊重学习的人格、学生的价值，要培养学生的自信，挖掘学生的潜力。在教学过程中，师生之间的关系非常重要。在足球教育中形成平等的师生关系对于提高足球教育的的教育质量有重要作用。

4. 创新教育理论

创新教育的宗旨即对创新型人才的培养，这一产物是在创新型社会下所产生的。除了教育自身的发展要求，其兴起的大部分原因是近代与当今世界发展形势的要求。同时，创新教育如今在世界各国都受到了广泛重视，而重点决定未来社会发展走向的是创新性人才。具有创新性质的教育理论将使学生的智慧品质与个性品质得到全面的发展。

5. 多元智力理论

智力的核心曾经经常会被人们认为是语言能力和数理的逻辑能力，也就是通过整合而存在的能力。但实际上并不完全是这样的，人们已经开始认识到智力的构成是存在许多因素的，具有多元性。

国外的一些学者认为，人的智力都包含了语言智力、数理智力、节奏智力、自省智力、空间智力与自然智力等。对于教育来说，多元智力理论是起到十分重要的影响的，这主要体现在三方面。首先是学生观，多元智力理论提倡学生积极学习，每个人所拥有的智力是多种多样的，只不过其发挥与组合的程度都不太一样；其次是教学观，由于学生的智力特点都是不一样的，因此多元智力理论所倡导的教学应当是因材施教，按照每位学生独特的治理特点进行个性的教学，由此来促进学生的进一步发展；第三是评价观，教育最终呈现的效果是要通过评价来得出结果的。而多元理论主张多渠道多元性地评价，所以要改变传统单一的评价方式。

6. 范畴教育理论

前联邦德国教育专家克拉夫基主张将"形式教育"和"实质教育"相统一，并由此将"范畴教育"理论提出来，这一教育理论同时开发了主客观方面。其主要具备两方面特征：其一就是教育本质的整体性，不仅要有形式教育，同时也要有实质教育，因此要从辩证的角度出发，将实质教育、形式教育的理论相结合并统一；其二就是教育过程的双重开发性，教育的过程是通过学习其他经验，或是自身拥有的经验而获得主客观相统一的过程，具有双重开发性的特征。

7. 教师专业化理论

教育必然的要求即教师的专业化，具有专业性质的教师在开展教育与发展教学领域方面是更具备有利条件的。这种专业化同时也要求了职业教师需要有以下几个特点：①其知识基础应是高标准且十分完善的；②接受过好的文理科教育，并能基于已有的知识不断地加以创新；③教师在工作中要能掌握更多的自主权，由此发挥出教学的积极性。

（二）当代教育理论对足球教学设计的启示

1. 激发学生兴趣

在对足球运动进行教育的过程中，应当时刻让学生充满对足球运动的积极性，培养学生的足球意识。教学在现代的教育理论要求中应多鼓励学生自主学习，不能太死板只会传授其知识，应当在足球运动教学中激发学生对足球运动的热爱，让他们主动去学习这项运动，且作为其足球教育的基础。

2. 以学生为中心

足球运动教学中，应由教师主导教学，将学生的发展作为中心，尊重和重视其主体地位。学生在传统的教育模式中始终是在被动地接受教学，学生作为教学对象总是被教师强行灌输知识，教师也并不主动地去关注学生的体验和感受，因此学生很快就会有怠倦心理。但是新的教育理论不同，其要求足球课程教学要注重学生的全面发展，要重视其情感体验，以及在教学设计与评价这一过程中的每个环节，都要考虑学生的全面发展，对学生的主体地位也要更加重视，只有这样才能充分发挥学生的积极性和学习潜能。

3. 培养学生的设计能力

教师需要通过自身对于足球教学训练课程的实践、组织教法等，对学生在训练课中的设计能力加以培养，并在该过程中，教师还有向学生传授自身对于现代教育理论、现代足球等方面的理解思路。

4. 形成良好的师生关系

足球的教学实践中应当始终保持良好的师生关系，师生合作在足球教学中应该始终是民主且平等的，教师不能过于将自己放在高处，学生也不应什么都唯命是从。真正好的教学是教师很开放，学生也有自己的想法，有合理的意见可以时刻提出来。这样学生才能逐渐成为真正的学习主体，发挥自身的主观能动性，以及充分发展个人能力。同时，师生之间也要注意相互信任与尊重，彼此团结协作，这也是建立和谐师生人际关系的基础。

5. 教师钻研专业知识

足球教学要求教师要认真钻研足球专业知识，对自己的整体素质与执教水平都要加以提升。而教学理论对足球专业的教师在专业化方面也存在很高的要求，只有教师认真地对专业知识进行研究，并努力发展自身，才能尽快地适应现代足球运动教学的要求。

6. 采取系统论的科学方法

这种方法对研究者提出了要求，即在对事物进行研究的过程中，将系统形式加入研究对象，从系统观的角度在系统与要素、要素与要素之间的作用、联系中精准地对对象进行考察，由此获得问题解决的最佳效果。系统的方法选择了不使用片面且静态的分析研究方法，将对客体整体属性的分析作为重点。教学系统是一个由多种教学要素构成的复杂系统，各个教学要素之间存在着多种作用方式。通过系统方法对课堂教学系统中各个因素的作用、地位等进行分析，然后使得各个因素获得最佳也是最紧密的组合，这是教学设计中的基本特征，同时也是对课堂教学效果的优化，是教学设计得以成功的关键。因此，在实际的教学设计过程中，教学设计者应自觉遵循系统科学的基本原理，以系统方法指导自己的设计工作，在此基础上不断提高教学设计的水平。

7. 遵循教学的规律

足球课程教学设计在根本上说，其全部意义就是为了满足足球课程教学实践的需要。具体教育过程中，实际的教学活动应在教学的任务、目标中集中体现出来。为了早日完成足球课程的教学任务和实现足球课程教学目标，在进行教学设计时，教学工作者需要按照教学规律，通过精心的、高水平的教学设计为足球教学活动提供最优的行动方案。因此，足球课程教学活动的基本规律也是教育设计中最为基本的依据之一，没有了教学活动的基本规律，也就失去了教学设计的根基。

二、高校足球教学目标设计

足球教学目标是足球教学活动预期达到的结果，是学生通过足球学习后预期产生的行为变化。高校足球教学要设定科学合理的教学目标，从而为足球教学活动提高指导。

（一）设计要求

1. 全面性

实现高校足球教学的目标需要每一堂足球课的配合，这就要求在设计高校足球教学的教学目标时要对足球教学的各种因素进行全面的考虑，既要设定主要目标又要设定次要目标。

2. 具体性

设计足球课教学目标时要充分考虑足球教学的教学内容，将学生的学习行为体现出来，明确学生在课堂上需要掌握的足球理论知识和足球运动能力，还要明确课程的达标要求。

3. 准确性

在高校足球教学中，教师需要分析教学计划的教学要求和学生实际的教学需求以确定教学目标。教学目标的设计要能够满足足球教学的实际需求，制订科学的达标要求，以促进学生的发展。

4. 明确性

足球教学的教学目标要有清晰的指向性，要为教学活动提供指导，教学目标的明确性关系着足球教学活动的教学质量，清晰明确的教学目标能够促进教学活动的有效开展。

5. 灵活性

灵活性是指教学目标的设计要有不同的标准。高校学生的实际情况各有不同，对于不同的学生要根据不同的标准制订教学目标。在实际的教学活动中，教师要根据实际情况的变化及时调整教学目标。

（二）编写步骤

1. 学习和掌握纲领性文件

足球运动在当代大学生生活中非常流行，在高校校园中足球运动有着良好的发展基础。学习足球教学纲领性文件能够在整体上了解课程的目标、教学要求、教学内容和教学方法。

2. 编写层次教学目标

高校足球教师不仅要学习足球教学的纲领性文件，还要在教学规律和学科特点的基础上明确教学目标，在此基础上对各个学习阶段的教学目标进行明确，制订出层次清晰的教学目标体系。

三、高校足球教学内容设计

（一）内容分析

1. 足球教学内容的构成

在足球运动中，为了达到足球教学目标而选用的足球知识和技能体系称为足球教学内容。足球教学的教学内容具有完整的知识体系，一般来讲，足球教学的教学内容可以分为三个层次。其中，课程是教学科目，一般由分为单元的知识板块组成。每个单元中又可以分为多个项目，每个项目是一个知识模块。教学内容的各个项目之间相互联系。这种联系有两种形式，即序列联系和部分与整体之间的联系。事实上，许多教学内容的各组成部分之间的联系是综合性的。对足球教学的分析是对学生起始能力变化为终点能力所需要的从属知识和技能，以及纵向、横向关系进行详细剖析的过程。根据教学目标，首先要确立好教学内容，确定其广度和深度；其次是对教学各环节的分析和联系，安排其呈现的顺序。

2. 足球教学内容的选择

选择高校足球教学内容要将实现足球教学目标作为依据。选择足球教学内容的教学目标时要立足于教学内容的宏观层面和教学的具体规定，足球教学内容的选择要注意以下几点。首先，足球教学内容要重视理论和实践的结合；其次，要注重教学内容的教育性和系统性的特点；再次，足球教学内容的设计要符合教学大纲的要求；最后，足球教学内容的选择要注重趣味性。

第二节　高校足球教学计划设计

一、教学内容和教学重点、难点的确定

（一）教学内容的确定

教案是确定教学内容的技术，教学目标不能直接规定实际的教学内容，但对教学目标进行划分能够将其转化为具体的教学内容，教学目标的实现需要教学内容作为支撑。

一般情况下，教学内容是指每节课的实际讲授内容，教学工作计划对其有明确的规定。现在的教学观念更加注重将教学内容和日常生活联系起来，这就需要培养学生在日常生活中的足球运动技能。

（二）教学重、难点的确定

在对教学内容和教学主题进行明确后，要根据实际的教学内容和教学主题对足球教学的课时、课次进行安排。这项工作的重点就是着重把握教学的重点和教学的难点。教学重点是教学内容的核心内容。教学难点是指学生在其自身掌握的对体育的认知水平和能力基础上相对难以理解的部分或技术环节。

足球教学的教学重点和教学难点之间既有区别也有联系。在一些情况下，教学重点和教学难点会表现出一致性，如教学重点和教学难点可能出现唱和的现象。但在一些情况中，教学重点和教学难点会有不同的表现方式。因此，教师在设计教案时要着重把握教学内容中的教学难点和教学重点。

二、教学目标的确定

（一）教学目标的一般要求

1. 明确的目标

教学目标是指通过课堂教学达到预定的目的，它是设计整个课堂教学活动的根本依据。确定教学目标是设计教学计划的必要工作，教学目标要为教学计划提供指导和标准。明确教学目标有利于教师和学生更加顺利地开展教学活动，并将教学目标作为标准，从而确保教学质量。

高校足球教学中需要制订一定的标准对教学目标进行检查，因此，在设计教学目标时要注意教学目标的实际性和可执行性，避免教学目标在制订之后不能得到合理的评估。

2. 整体性与多元性的目标

高校足球的教学目标要获得提升需要，同时也要达到一定的要求。教学目标的设计要能够将心理过程表现出来，因此，教学目标要做到结构合理、内容全面。高校足球教学目标的设计要遵循"三一致"原则，即过程与结果一致、接受与体验一致、认知与情感一致。

这三个原则是高校足球教学促进学生发展的价值取向的体现。与此同时，教学目标的设计要对各个领域的目标进行灵活处理，将各个目标之间的联系性体现出来。

3. 单性的目标

（1）灵活性

一般情况下，教师要在主观判断的基础上设计出教学目标，这就需要教师要根据实际情况做出主观判断，在设计教学目标时要留有一定的空间和余地，方便之后做出调整。

（2）差异性

不同学生之间有很明显的差异性，教师在设计教学目标时要根据学生之间的差异性确定教学目标。首先，教师要制定基本目标，即全体学生在足球运动的理论知识和运动技能上都能完成的目标；其次，要给身体素质比较好的学生制定更高层次的目标。

（3）局限性

高校足球课程的本质是为学生提供足球运动知识和足球运动技能的教学，同时也要在教学活动中培养学生的情感态度和价值观念。但情感态度和价值观念的培养具有不确定性。因此，教师要制定明确的教学目标。

（二）教学目标的陈述

足球教学目标的陈述包括以下四个部分。

①学生是学习行为的主体。在足球教学目标中，陈述是指学习行为要由学生完成，而不是要由教师完成。因此，教学目标表述不应出现"学生应当怎样怎样的"的相关表述。

②学生的动作要使用行为动词对其进行描述。这些动词要尽量准确，如使用"解决、达到、建立、形成、运用"等动词对其进行描述。在特殊情况中，可以使用其他动词。

③行为条件是指能够对学生的学习结果产生影响的条件或对学生的学习结果造成的限制。

④表现标准是指学生能够完成的最低的表现水准的目标。在表达时要使用评价学习结果的语言。

（三）教学目标领域的处理

《全国普通高等学校体育课程教学指导纲要》将体育课程目标分为运动参与、身体健康、心理健康、运动技能、社会适应多个领域。

一方面，不同的教学活动对学生的发展造成不同的影响，教学活动不能同时对五个领域都造成影响。

另一方面，足球技能的教育功能，足球教学既有显性功能又有隐性功能，两种贡献有不同的影响。

三、学习与教学方式的确定

学习方式和教学方式的设计是设计教案的重要内容，设计学习方式和教学方式要在教学目标和分析教学内容的基础上设计教学的实际步骤。传统的高校足球教学的教学内容枯燥无味，学生的学习方式比较被动。随着高校足球教学理论的不断发展，足球教学的教学内容越来越丰富多元。在自主创新和合作理念的指导下，学生在教学活动中的主体意识得到了培养。

为了调整学习方式，教师要在高校足球教学中的教学设计中调整自己的教学方式。在呈现教学方式时，教师不能使用直接呈现的方式，而是使用间接呈现的方式，在教学活动中培养学生的发现能力和研讨能力，在教学过程中鼓励学生自主提出问题并解决问题。

因此，教师在设计高校足球教学的教案时要重点关注教学方式和学习方式的设计，力求创新，从而在高校足球教学中培养学生的各种能力，使学生的各种能力都能够得到充分的发展。

四、组织形式的确定

组织形式一般包括分组教学的形式和具体的队形安排等，确保教学工作的正常运转是确定组织形式的目标。

高校足球教学中一般采用同质分组、异质分组、随机分组、友伴型分组等几种主要的分组方式。这几种方式都各有利弊，教师在教学活动中要根据教学的实际情况进行选择。

五、过程目标的确定

过程目标是指实际的教学行为的指向目标，也被叫作形成性目标、阶段性目标或预期效果等。

传统的高校足球教学的主要目标是增强体质，教学中多使用增大学生的生理负荷的方式。但新的足球教学理论则提倡培养人才的全面性目标，注重在培养学生的基本的足球理论和足球运动技能的同时使学生形成正确的价值观念。因此，高校足球教学要有明确的目的性。在实际的教案设计中可以增加形成性目标，从而使足球教学的教学目标更加明确。

六、课后总结

课后总结是教案中不能缺少的重要部分，在教学活动结束后，教师需要进行自我评价并反思自己在教学过程中的表现、对教学活动的表现、学生在教学活动中的表现等，从而完善自己的教学经验。

第三节　高校足球教学目标与学习内容设计

一、高校足球教学目标的设置

（一）体育课程基本目标

高校足球教学的发展目标和足球教学对高校足球教学活动有着重要的指导作用，对高校足球课程的教学质量有决定性作用，是高校足球教学将要实现的预期结果。由于不同的学生的身体素质各不相同，《指导纲要》将课程目标划分出基本目标和发展目标两种。其中，基本目标要根据参与教学活动的学生的身体情况作为依据，发展性目标则是根据身体素质较好的学生的发展情况设定的，两者的设定依据有区别。

要想实现教育目标和培养目标，最重要的是要设置学习目标。学习目标又可以分为课程学习目标、单元学习目标和课堂学习目标三种。这三种学习目标能够通过逐级划分分化为多个课堂学习目标。其中，课堂学习目标非常重要，是实现教育目标和培养目标的基础。

（二）目标设置的注意事项

1. 遵循规律性

在设计教学目标时需要将足球运动的本质规律作为依据。事物的发展都要遵循自身的发展规律，足球教学也不例外。高校足球教学在制定教学目标时要根据足球教学的目标来制订。

通常来说，高校足球教学需要遵循足球运动技术形成规律和足球技战术的构成规律。在实际操作中的顺序是制定足球教学的教学目标、提高学生的身体素质水平、学习足球运动的技术和足球运动的基础战术的理论、学习更加复杂的足球运动技术、学习系统性的足球运动技术。

2. 从多种角度设计足球学习目标

现代足球教学理论认为，教师在进行高校足球教学设计时要注意以下几方面的表述。

（1）认知目标

教师在设计认知目标时要教授学生网式足球的运动技能、竞赛规则等内容，指导学生脚部三面触球的运用技术。

（2）技能目标

教师要教授给学生网式足球的玩法和技巧，培养学生在足球运动中对足球的控制，提高学生的运动技能。

（3）情感目标

网式足球分为两队，每队2到4人不等，以矩形界为范围，网的高度几乎在胸部的位置，当球来到本方一侧时，只能经过不同人不多于三脚的不落地传递并将球送到对方一侧，球在本方先落地或垫球出界的为负。

二、高校足球学习内容的选择与组织

（一）学习内容的选择

高校足球教学目标对各个教学目标之间的关系进行了明确，还指出了教学内容，但没有明确规定出实际的教学内容和教学方式。因此，教师在设计教学计划时拥有了较大的自主权。

此外，学生在自身的兴趣爱好的刺激下能够积极参与到足球运动中去，加之高校体育教学大纲对于高校足球教学目标以及高校足球教学内容的指导，更有利于高校足球教学的发展。

（二）学习内容的组织

高校足球教学在组织教学内容时要遵循足球运动的规律，要保证教学内容的连贯性和逻辑性。具体来说需要注意以下几点：①使教学内容之间产生横向联系；②对教学内容进行细分；③根据足球教学的规律安排教学内容。

第四节　高校足球的教学评价设计

一、教学评价概述

教学评价是指基于所获得的信息对教学过程及其效果的价值做出客观、科学的判定，是激励学生努力学习与积极锻炼，促进课程目标达成的重要环节。以往对学生足球学习的评价内容基本上只注重评价体能和运动技能，不注重评价学生的学习态度、学习过程、学习方法、学习习惯等内容，缺乏激发和培养学生的运动兴趣、运动情感的体验、刻苦锻炼的精神、体育价值观和责任感的教育。个别学生具有先天优势，能够轻松达到体能和运动技能的标准；而有些学生的运动天赋比较差，虽然努力锻炼，但是并不能满足要求，这会损害学生的自信心，降低学生参加足球运动的积极性。为此，在课程设计和学习评价的整个过程都要将学生的身心发展作为核心目标，围绕其开展工作。

评价足球教学不能仅仅通过一两节足球课就做出结论、要树立整体的观点、联系的观点，考查足球教学的总过程和教学任务完成的总体情况，否则就很难对足球教学做出中肯的评价。在各级足球课的教学过程中，合理准确的评价，是对教学过程进行信息反馈和调节的一个重要环节，可以达到督促学生学习、改进教学促进改革、完善管理的目的。

二、足球教学评价的基本程序

（一）足球教学评价的准备

在进行足球教学评价之前首先要明确足球教学评价工作的目的，评价的人员和评价的对象。这也是在设计足球教学评价方案之前需要思考的问题。评价方案，即根据教学评价的目的，由评价对象、评价指标体系、评价方法、评价工具以及实施步骤等组成的整体方案。

1. 评价的目的

足球教学评价的准备首先需要对评价的目标进行明确。以特定的足球教学评价、分析足球教学模式、考核教师水平等为目标的足球教学评价会选择不同的评价内容和评价方法。

2. 评价的人员

足球教学评价的准备需要明确教学评价的组织。不同类型的评价活动在组织形式和所组成的人员方面存在差异。足球教学评价非常重要，对评价机构有一定的要求，足球教学有着鲜明的探索性或选拔性的特点，需要有权威的专家对足球教学进行科学的评价。

3. 评价的对象

足球教学评价的准备需要设计评价指标。为完成足球教学评价的目的，需要明确教学评价是全面评价或是对某些方面进行评价以及主要的评价内容。评价指标是评价目标一个方面的规定。

在体育课程改革中，要在课程的发展要求的指导下形成丰富多元的学习评价体系，将评价的激励、发展功能充分发挥出来，并根据实际情况提出相应的评价建议。要将体能、知识与技能、态度与参与，情意与合作作为评价内容并合理确定权重。此外，要鼓励学生进行自我评价和学生之间的相互评价，既要注重过程性评价，又要注重终结性评价。

（二）足球教学评价指标的设计

设计足球教学评价指标需要对足球教学目标进行分解，初步拟定评价指标，如教学领域及目标、教学内容、教学方法、教学效果等，然后将二级指标分解出来，如对"教学方法"进行分解，根据实际情况、指导方法等，然后分解出三级评价指标，从而形成足球教学质量评价指标体系。

其次需要对指标体系权集进行明确，要根据各项指标的权重和权集进行划分，为量化分析做准备。权集是确定各指标同评价结果之间重要程度的关系集。权重是相应的指标对达到目标的影响程度。

（三）足球教学评价结果与反馈

教学反馈是指用教学活动的结果来调整未来的教学活动。足球教学反馈可包括以下几个方面。

1. 形成综合判断

形成综合判断是指要在评价所产生的定量的或定性的结果的基础上形成综

合性的意见，并在此基础上形成结论，如学生在足球训练活动中的成绩或评价、教师在教学后形成的结论等。

2. 分析诊断问题

高校足球教学质量评价的目的是提高教学质量，而不是形成综合判断。因此，要分析相关的问题，总结问题的关键，如对学生足球基本技术掌握的评价有助于学生了解学习中的得失成败，而且是智慧、才能和创造力的交流，是学习动机的有效激励，是改进今后学习的行之有效的措施。

3. 收集资料

收集资料能够总结优秀或有代表性的学习案例，这是高质量教学的结果，也是高校足球教学的直接材料。优秀学习案例中的思维方式、技术表现方式容易被学生接受，能够充分调动学生的学习兴趣。

三、足球教学评价的内容

（一）教学常规的评价

足球课的教学常规是为保证足球教学工作的正常进行，根据足球课的任务和要求，结合本地区本学校以及学生的实际情况而制定的对师生的基本要求。足球课教学常规的制定与执行，有利于形成有序的教学秩序，形成严密的教学组织，并且对加强学生的思想教育，培养守纪律、讲文明、懂礼貌等优良品质，都有重要作用。但一般说来，足球课教学常规的评价应建立如下指标。

1. 课前工作

课前工作。教师在上课前要根据课时计划的安排检查所有场地器材，保证课堂教学的顺利进行，教师在上课前应主动把课的内容和要求通知学生或体育委员，教师要注意仪表和着装。

2. 准备上课

在上课时间教师要到规定的上课地点准备上课，学生要集合，教师检查学生的出勤情况做好出勤记录，同时还要对学生的着装进行检查。迟到的学生应该说明原因，经教师允许后方能归队。下课时师生互道再见。

学生上足球课应穿运动服运动鞋，不得穿大衣、裙子、高跟鞋、凉鞋，不准戴帽子、头巾，不带有碍运动的物品，教师应检查并教育学生执行有关规定。

教师要教育学生注意安全，并提出具体的安全要求，做好准备活动和整理活动，严防伤害事故。

下课前要召集全体学生，进行本节教学小结，并适当留有课外练习作业。下课后学生按教师要求收好器材。

（二）对教师教学的评价

足球知识，技术和技能的传授和学生的练习是足球课的核心内容，也是评价足球课的主要指标，评价时应考查如下几个问题。

①教学内容的安排是否符合学生的生理、心理特点并明确让学生掌握哪些知识和技术，提高哪方面的能力，培养哪方面的品德等任务和目的。

②考查教师讲解教学任务，动作的名称、作用、要领和要求是否目的明确。讲解的内容要准确，注意知识的科学性和内在联系，恰当把握讲解的深度和广度，讲解的方法要灵活，力求以最短的时间收到最大的讲解效果。

③动作示范是否有明确的目的。示范什么，怎样示范，要根据教学任务与教学步骤和学生情况而定。例如，新课可先做完整示范，使学生建立完整的动作概念，然后抓住难点、重点做重点示范、分解动作示范、反复示范、慢速与常速示范等。

④示范是否正确优美、熟练：示范要与讲解相结合，引起学生的注意，知道看什么，怎么看，什么是正确的，什么是错误的。示范还要注意方向和位置，使学生看清示范动作。

⑤是否有力地指导学生的练习；是否合理地采取分组练习；在练习中是否及时准确地发现并帮助纠正错误的动作；是否利用了掌握动作要领较快、较准确的学生做示范，以增强学生的学习信心。

⑥是否在规定的时间里完成了知识，技术技能的传授任务，使90%以上的学生掌握了有关知识和动作要领，使70%以上的学生能按要求完成动作。

⑦是否有效地防止了伤害事故的发生。

（三）对学生技术练习质量的评价

要评价足球技术练习的质量，必须结合不同技术练习的特点和教学训练的任务，具体确定评价的内容与方法。

1. 动作的准确性

动作的准确性即要求完整准确地完成预先规定的练习，使动作符合动作要领的基本要求。评定动作是否准确，要检查和评定技术环节，判断学生的动作是否符合运动解剖学和生物力学的规律，主要应从以下两方面进行检查。

一方面，检查动作是否标准，这主要是指通过合理的技术方法能否实现动作的目的。其检查重点既包括动作本身，也包括动作的效果。

另一方面，可按动作的结构，分析练习时的技术特征和动作要素，按一定标准一项一项地评分，累计起来就是动作准确性的测定结果，再对这一结果分析评价，找出问题并指明努力方向。

2. 动作的经济性

动作的经济性是指以最小限度的能量消耗来完成准确的动作。要做到这一点，就必须熟练地掌握动作技术，消除不必要的肌肉紧张和多余的动作。动作的经济性是与动作的合理性与熟练性分不开的。

3. 动作的协调性

动作的协调性是指在练习中身体与身体各部分的协调配合，动作顺序合理，以及动作各要素的协调配合。在足球运动中，动作的协调性、经济性、准确性之间有紧密的关系。动作的协调性是动作的经济性与准确性的基础，也是完成动作的前提条件。

4. 动作的缓冲性

动作的缓冲性是指运动中动作的弹性和缓冲力。足球运动中有大量的技术动作有缓冲阶段。一些运动动作的缓冲性是这些动作的技术要点，如足球运动中守门员的落地动作。

一些运动中的技术动作的缓冲性是为了保护身体安全，避免发生运动损伤，如跳跃时的落地动作。缓冲动作能表现出完成练习的合理性、正确性，因此是评价技术练习质量不可缺少的指标之一。

（四）练习密度与运动负荷的评价

足球教学中练习密度和运动负荷，是评价足球课教学质量的两个重要指标。通过对课的密度的测评，可了解教师支配教学时间是否合理及单位时间利用率的高低；通过对运动量的测量与评价，可以看出课的安排是否符合人体机能变化的一般规律以及动作技能形成的规律，是否有利于完成各项教学任务。

1. 足球课密度的评价

足球课的密度也叫作一般密度，是指课中各种活动合理运用的时间与课的总时间的比例。通常来说，足球课的活动一般分为教师的指导、学生做练习、相互帮助与观察、练习后的休息、组织措施五种，这些活动中某种活动合理运用的时间与课的总时间的比例，称为该种活动的密度。一课的总体密度和各种活动密度的安排是否合理，对完成教学任务有很大影响。一般说来，课的一般密度越大越好，因为它表明合理运用的时间比重越大，时间浪费越少。对足球课的密度和活动时间占比进行评价要遵循以下指标。

①课的密度和各项活动时间的分配要满足课程的教学任务和教学要求，要根据学生的体能和教材的要求进行安排。此外，还要科学合理地设计上课的器材、场地和气候条件。

②教学组织是否严密。要考虑是否努力提高课堂教学的效率，减少不必要的组织措施和队形调动，要看整队调动是否迅速并符合要求，场地器材设备的布置是否便于教学。课中的分组教学和分组练习是否符合学生特点和教学要求；由一个阶段的教学或练习过渡到另一阶段是否恰当、经济、自如等。

③考查教学方法、技巧的运用是否灵活、合理、有效。如讲解是否简明、突出重点，教具演示是否恰到好处、教师示范是否准确无误、练习的次数和休息的安排是否合理交替、是否灵活地运用练习中的休息时间进行讲解、示范、纠正错误动作等。

④是否调动起学生学习的积极性，使学生做到自觉地遵守组织纪律，是否发动学生互相帮助，提高时间利用率。从上课开始到下课为止，以秒、分为单位，把课中各种活动的时间全部记录到登记表上，然后及时区分所用时间是否合理并加以归纳整理、登记在记录表中。

在得出各项目的合理与不合理使用时间后，要分析不合理时间使用的原因是什么，指出改进的意见，力求使课的一般密度达到尽可能大的程度，不浪费时间。

2. 足球课运动负荷的评价

足球课的运动负荷是指学生在课中做练习时所承担的生理负荷。运动负荷由负荷量和负荷强度两部分组成。

足球课的运动负荷是对足球教学质量进行评价的一项指标。因为人的机体形态、机能的改善与提高、技术的掌握和技能的形成都必须在一定的负荷量和负荷强度的刺激下才能实现。

在高校足球教学中，教师要根据学生的生理机能能力的不断提高，逐渐加大足球教学中的运动负荷，对运动负荷进行科学的安排，不断提高学生的身体素质，提高学生对足球技术、技能的掌握，从而提高学生的运动成绩，尽量减少足球教学中的运动损伤。对足球课运动负荷的评价主要有以下指标。

①运动负荷的安排要将人体的机能发展规律作为指导，要遵循循序渐进的原则进行安排。这是评价的首要指标。

②运动负荷是否根据课的任务和要求来安排。课的任务不同，运动负荷也应不同，如复习课要比新授课的运动负荷大些。

③运动负荷的安排是否考虑到教材的性质、活动范围、难易程度、练习强度，以及学生生理特点等内容。例如，学生练习生疏的技术动作和练习熟悉的技术动作的运动负荷要有区别。

④安排运动负荷时是否考虑到学生的其他体力负担量，气候变化以及学生的生活制度等因素。

运动负荷的测评方法通常有如下几种：①观察法。从学生完成动作的质量、动作的准确性、控制身体的能力，从学生的呼吸、出汗量、脸色、面部表情、声音以及学生做练习时的积极性等方面来判断运动负荷是否合理。②学生自我感觉法。以学生的饮食、精神状况，对练习的兴趣等方面的自我感觉来判断运动负荷的大小。一般来说，运动负荷适宜时，学生自我感觉良好，精力旺盛，肌肉活动协调，反应灵活，无任何不舒服的感觉，运动负荷偏大时学生感到中度疲劳，并有疲乏、腿痛、心悸等感觉。③生理测定法。这是指用仪器检查和评定学生的脉搏、血压、气体交换、呼吸频率、肺活量、体温变化、尿蛋白等方面的情况来评定课的运动负荷。这些方法比较复杂，一般在足球课中常用简易的、用手测定脉搏的方法评定课的运动负荷。

（五）运用足球教学方法的评价

教学方法是指在教学中为完成一定教学任务而采取的途径或手段。足球教学方法很多，其中主要包括讲解法、示范法、完整法、分解法、练习法、游戏法、比赛法、预防和纠正错误法、电化教学法等。科学地评价教师使用教学法的正确性是评价足球教学工作的重要内容之一。评价教学法的选择运用正确与否，可把握如下几点。

①是否依据教学任务与内容有针对性地选择教学方法。方法是为完成任务服务的，任务内容不同，方法也应不同。例如，在传授足球知识和动作要领时，主要采用讲解法；在学生掌握和巩固技术技能时，多采用示范与练习的方法。

②教学法的选择是否符合学生特点。不同年龄阶段和不同性别的学生，在完成教学任务的途径和方法上应有所不同，对于大学生多采用讲解、示范、练习等方法。

③教学方法的选择是否注意综合性。足球的各种教学方法是有机联系的，在运用时要灵活地配合使用，使每一种教学法都成为整个教学过程中重要的环节。学生技术动作的掌握与错误动作的纠正，往往可以通过不同的教学方法实现，配合使用有关的教学法会提高教学效果。在学习新的技术动作时，就要综合运用讲解法、示范法、练习法。

④教学法的选择是否注意到教学各阶段的不同情况。在学生初步掌握动作阶段，可多采用讲解示范和分解练习法，在改善与提高动作阶段，常采用完整练习法，在巩固与运用自如阶段，主要采用以完整法为主的重复练习。

⑤是否有所创新。除在运用各种教学方法时应遵守该方法的一般要求外，要进行科学的调查，认真分析教学中使用的教材，要根据实际情况，对教学方法进行创新，科学高效地完成教学任务。

（六）足球教学中的思想品德教育工作的评价

对学生进行思想教育，培养顽强的意志品质，树立良好的体育作风，是学校体育教学工作的基本任务之一，也是体育教学任务得以顺利完成的基本保证。因此，足球教学中的思想品德教育工作评价，就成为足球教学工作评价的重要内容之一，可从下面几个方面去考查评价。

①体育教师是否做到结合教材特点和教学活动的特点，将思想政治教育加入足球教学中去。

②是否有针对性地运用说服劝告，在教学中要利用榜样效应，对足球竞赛进行评比，通过批评和表扬等方法对学生的思想品德进行引导，将足球教学和思想教育相结合。

③在教学过程中，教师要以身则，在课堂教学和课外活动中，严格规范自己的言行，注重自己的行为，在教学和生活中为学生树立榜样，通过言传身教对学生进行耳濡目染的教育。

第五章　高校足球运动技术教学与系统训练

一直以来，我国都十分重视对足球运动的培养，随着教学观念的不断更新，高校足球的教学方式也在不断改进。如今的足球十分重视对足球运动员技术方面的系统训练。本章主要分为高校足球运动技术的教学、高校足球运动技术的系统训练两部分，主要内容包括足球技术的概述、高校足球运动技术的教学、运球技术及其训练、传接球技术及其训练、头顶球技术及其训练、踢球技术及其训练、足球运动无球技术及其训练等。

第一节　高校足球运动技术的教学

一、足球技术概述

（一）定义

人们通常将运动员能够合理运用到足球比赛中的一切动作称为足球技术，它是运动员在比赛中不断完善、累积起来的。

近年来，足球技术的内容随着我国高校足球运动的发展不断丰富，其动作的难度也日益增强。现代的足球比赛要求足球运动员必须在相对激烈，且快速运动的条件下，准确地完成各种技术动作，例如急跳、起动、转、身、快跑、踢、顶、运等。因此，足球运动员必须熟练掌握足球技术，才能在比赛过程中达到战术上的要求，有目的地处理来球。

随着足球战术的不断发展，足球技术作为战术配合的基础，其技术要求是促进足球运动发展的关键因素。因此，在足球运动的教学与训练中，高校足球教育工作者不仅要帮助足球运动员形成良好的战斗作风，提高运动员的身体素质，还要注重对足球技术的全面掌握和提高。

（二）分类

在足球比赛中，不同的运动员拥有不同的位置，作为一项较为复杂的运动项目，可以根据这些位置将足球技术划分为两大类，即守门员和锋卫队员。在足球比赛过程中，守门员和锋卫队员必须要合作完成一定的技术动作，主要包括无球技术和有球技术两种。

（三）特征

1.即兴发挥

近年来，足球赛场上的变化越来越难以预测，运动员的技战术水平也得到了全面的提高，因此在足球比赛的过程中，运动员能够处理来球和控球的时间和空间日益减少，这就要求运动员必须具有即兴发挥技术才能满足比赛的要求。即兴发挥主要是指运动员在比赛过程中，随机采取应急手段解决一定突发状况，或是根据比赛的实际情况打破原有技术动作结构。

目前，我国高校足球运动员在比赛中运用即兴发挥技术的水平越来越高，也日益广泛。这一技术需要运动员具备较强的身体素质和应变能力、机敏冷静的头脑，以及全面的技术。除此之外，还要求运动员具备突出的意识和敢于冒险的精神，需要注意的是这些潜能需要在短时间内表现出来。

2.尽显意志品质

在具有特殊意义的足球比赛中，意志品质不仅是足球运动员必不可少的重要素质之一，同时还具有十分重要的作用。这一意志品质主要体现在三个方面，即自我控制情绪的能力、敢于冒险的精神和顽强的拼搏作风。

近年来，我国高校足球比赛日趋激烈，足球运动作为一项勇敢者的运动，对运动员提出了更加全面、明确的要求，出色的技战术能力只有与良好的意志品质相配合才能充分发挥运动者的潜能。

3. 速度日益重要

由于高校足球比赛给予运动员处理各项技战术动作的空间和时间越来越少，从而导致快速攻守成为激烈争夺中必不可少的一项技战术。因此，运动员需要具备在快速攻守中运用技术的能力。

4. 明确的目的性

目的性是任何体育项目都具备的特征。一般情况下，在运用技术方面存在较大盲目性现象的大多是初学者和低水平的足球运动员。足球运动的目的性随着运动员整体水平的提高而不断增强，因此，提高目的性和减少盲目性的过程就是提高足球运动技术水平的过程。

防守己方球门、将球攻入对方球门是足球比赛的主要目标。足球运动员必须牢牢地掌握控球权，熟练各种技术的运用，才能更好地实现这一目标。由此可知，足球比赛的根本目的是通过控球获得比赛的胜利。因此，为了更好地落实技术运用的目的性，足球运动员不仅需要娴熟地运用各项技术，还要具备坚实的、全面的技术基础，重视技术的使用性。

5. 意识支配明显

目前，我国高校足球技术和运动员的身体素质不断提高，高校必须重视运动员智慧、潜力的开发，为其有机结合意识和技术奠定基础，从而最大限度地避免技术运用的盲目性。人们通常将运动员在比赛过程中对赛场实际情况进行判断，并选择合理的行动，以及对足球运动比赛规律的认识称为意识。在足球运动中，运动员的行动始终都受意识的支配。

①意识支配着单一技术动作和全队的整体打法。技术和意识不仅要求运动员精通足球比赛的规律和各种战术打法，还需要其具备坚实的技术基础和娴熟地运用能力，并且熟悉队友的习惯，及时地予以配合。

②足球意识的培养与技战术训练具有密切的关系。高校应重视足球初学者意识的培养，将其贯穿在日常的技战术的训练中，从而引导足球初学者将技术与意识结合在一起。

③意识属于人的思维范畴。影响意识发展的因素有很多，主要包括外界条件、思维逻辑、文化素质、理论水平等方面。同时，由于每个人的足球天赋各不相同，这就要求高校足球教育工作者在开展日常训练的过程中，不仅要发掘那些意识天赋较好的运动员，更要加强意识的培养。

6. 位置分工明确

我国自 1974 年的第 10 届世界杯赛后，便开始对足球运动予以重视，使足球技术朝着强对抗、简练、娴熟、全面和快速的方向发展，同时也对运动员的全面性提出了新的要求。由于赛场上的情况具有瞬息万变的特征，因此，运动员必须熟练掌握各种攻守技术，才能及时地、合理地做出战术变化的选择。

近年来，我国高校越来越重视对全面性人才的培养，这就要求运动员不仅要根据自身的位置和特长发展专长技术，使自己成为某个位置的专家，还要全面地掌握技术，使自己成为一名多面手。

二、高校足球运动技术的教学

（一）接球技术教学

1. 动作解析

良好的个人控球技术是完成既定战术目的的前提条件，接球作为个人控球技术的一种表现形式，主要是指运动员在比赛过程中接到同伴的传球后，应利用身体或脚把球与防守队员隔离开，从而更好保护好球权。一般情况下，越是简单的技术其包含的基本技巧越多。例如，运球者可以通过踩球动作，将对方防守队员始终挡在身后，从而达到控球的目的。

由此可知，控制球的过程便是为了保持球权而采取的各种动作，通常运动员为了控制球权，必须熟练掌握控球的基本要领。除此之外，足球运动员在掌握控球要领之后，还应学会能够摆脱对方防守队员的技术。高校足球教育者应帮助、引导足球初学者学会、掌握控球脚改变球的方向、用支撑脚控制身体重心、利用身体倚靠防守队员，以及掌握降低重心的要领等各种基本技术。

从接球的结构来看，完整的接球动作主要包括判断选位、接球前的支撑、触球动作、接球后跟进四个技术环节。

（1）判断选位

足球运动员应时刻谨记必须合理选择接球的位置，从而使击球的总效果、力度和方向达到最佳。因此，运动员在接球线必须注意观察附近队友和对手的情况，准确地判断来球的性质、速度、路线和落点等。

（2）接球前的支撑

接球前的支撑主要是指运动员支撑脚的位置和支撑的稳定性，对于接球效果而言，稳固的支撑起着决定性的作用。支撑脚与接球点的方位和距离即支撑脚的位置，对于接球动作的完成程度而言，合理的支撑距离具有十分积极的作用。而支撑脚的合理方位，不仅能够为尽快转入下一步行动起到积极的作用，还有助于运动员将球控制在所需的位置上。这就要求足球运动员在接球时必须降低身体的重心，根据接球的目的选择支撑脚的位置，同时支撑腿的膝关节也应适度弯曲。

（3）触球动作

削弱来球的冲力是接球的关键环节，其主要方法有两种，即改变球的运行路线和缓冲法。

①改变球的运行路线。由于足球的能量会随着球体受到的损耗而削弱，因此合理利用身体的有效部位和地面这些非弹性体是改变球运行路线、削弱来球冲力的关键。在日常的足球训练过程中，高校足球教育工作者应帮助运动员掌握能够改变足球原来运行方向的加力动作，例如拉引、接转、推压、切挡等，从而达到削弱球速、控制球的目的。

②缓冲法。这一方法在各种足球比赛中是最为常用的方法之一。由于球的质量和速度是恒定不变的，因此运动员在对来球进行缓冲时，可以增加接球部位触球的时间，从而更好地削弱冲力。这就要求运动员必须加大引球后撤的距离，尽可能地延长触球时间。一般情况下，来球的缓冲效果主要是由运动员的迎撤动作的幅度和速度所决定的，同时需要与来球的速度相对应。例如，运动员可以利用接球部位关节和肌肉的放松缓冲力量较小的来球。

（4）接球后跟进

运动员接球技术的关键是其接球后身体重心随球快速移动的衔接控球动作。由于重心具有瞬时的稳定性，因此在接球动作开始时，为了更好地保证接球动作的稳定性，运动员可以将重心位置落在支撑脚上。需要注意的是，运动员在这一过程中必须有意识地控制重心随动作发展而向接球方向转移。完成接球动作后，运动员则应使身体的运动方向与球的运行方向一致，重心应在球运行的方向上及时移动，保证身体能尽快地移动到控制球或支配球的位置上。

2. 动作方法

①脚背正面接抛物线来球。脚背正面上迎下落的球时，运动员迅速判断球

的落点并移动到位,其踝关节、脚趾、膝关节在球和脚面接触的一瞬间,必须保持适度的紧张。

②脚内侧接空中球。运动员应根据来球及时移动到位,例如平空球,由于这一类球的抛物线较小,因此需要根据临场的实际情况选择适当高度的接球点,从而将球接在需要的位置上。

(二)抢断球技术教学

1. 动作解析

抢球和断球是抢断球最主要的两种技术。其中,破坏对方进攻队员控制的球或防守队员直接争夺球都属于抢球,防守队员截获或破坏掉对方进攻队员控制的球称为断球。抢断球的动作过程主要包括以下三个环节。

(1)判断选位

①抢球。运动员要根据对方的控球距离、动作变化、动作时机和动作意图等实际情况进行分析判断,从而对自己的防守站位进行一定的调整。通常己方球门与对手的中点连线是运动员抢球站位的最佳位置。当对手面向球门方向时,运动员应遵循"以堵为主,堵中放边"的原则。当对手背对球门时,运动员在防守过程中应采用贴身逼抢的方式。

②断球。运动员应准确判断对方传、接队员的位置关系、出球方向、出球意图和出球时间等,并迅速移动到最佳的防守站位。一般情况下,运动员的断球站位大多位于己方球门与对手的中点连线上,但与抢球时的站位相比,更偏向有球的一侧。为了在牢牢控制对手的前提下争取和把握断球的机会,要求运动员必须与对手保持有利于截断、封堵的距离。

(2)上步抢断

①运动员在进行个人防守时必须树立攻击性防守的主动意识,即不放过任何能够截断对方来球的机会,并在气势上给予对方防守队员一定的压力。当对手已经控稳球时,运动员切忌不顾后果地盲目扑抢,而应注意在封堵过程中找机会抢断。一般情况下,飞行距离较长的球更适合采用断球的方式,主要是因为在足球的飞行过程中,大多是消极等球,因此运动员必须把握这一机会,在自己站位能够抢先一步触到球的情况下,应快速发动攻势。

②一般情况下,抢断球的动作可以分为两种。一是根据抢球的位置选用相应的方法;二是针对来球性质和状态,合理选用相应的动作。需要注意的是,

无论运动员采用哪种方法，都必须具备一定的技术特征。运动员在抢断球时，支撑腿要积极后蹬，并加速重心前移，抢球腿上步跨抢，为了加强抢断球时的动作力度，运动员的动作必须要具备"硬朗"的特征。

（3）衔接动作

获得球或控制球是抢断球技术的主要目标，因此运动员的控球动作应在抢断球动作结束之后再开始。当抢断动作成功后，为了保证控球动作的连贯性，运动员的重心必须向球的方向快速移动。

2. 动作方法

（1）正面抢球

①正面铲球。运动员重心下降，膝关节微屈，移动接近对方控球者，当控球者触球脚触球后尚未落地时，防守者迅速向球滑护，随后通过手扶地做向一侧的翻滚，并尽快起身。

②正面跨步堵抢。抢球者避着运球者而站，两脚前后开立，两膝微屈，准备跨步堵抢。当运球者与抢球者间的距离缩小到一定范围时，身体重心下降并置于两脚间，运球者在球即将落地时后脚用力蹬地并跨步向前，另一只脚应迅速上步，并用脚内侧堵住来球。

如果抢球者和防守者同时堵住球，抢球者则应迅速将另一只脚做支撑脚，在保证控球权的前提下，迅速向上提拉，抢球者的身体重心迅速向球方向移动，从而使球从对手脚面滚过。

（2）侧面抢球

①异侧脚铲球。当抢球者和防守者都不能通过正常的动作触球时，防守者应准确计算自己与球的距离，并用力蹬地使身体跃出。当运动员为抢球者时，则应用异侧脚向前沿面对着球滑出，从而将球权控制在自己脚下。除此之外，抢球者还可以在铲出球后，迅速向一侧翻转，为了使自身恢复到与下一动作衔接的状态，应在手撑地后立即起身。

②合理冲撞抢球。防守者在追球的过程中，可以利用跑动靠近对手一侧的手臂紧贴身体，利用对方同侧脚离地的过程，降低身体重心，用肘关节适当冲撞，使对手身体失去平衡。

（三）运球技术教学

1. 动作解析

高校在足球运动员学会基础接球和护球技巧后，可以适当进行运球技术的教学，主要包括以下几个阶段。

①支撑脚踏地蹬送阶段。这一阶段的训练主要包括保证运球脚顺利完成触球动作、推动人体重心前移、维持身体相对平衡等方面。这一阶段需要运动员注意的是，必须尽量缩短支撑时间。

②运球脚前摆触球阶段。触球动作主要包括触球方向、力量、部位和时间等因素，运动员必须熟练掌握这些因素，才能保证对球的控制，从而协调其相互间的关系，减少运球失误。

③运球脚踏地支撑阶段。在这一阶段，运动员可以在触球后脚落地支撑，这一举动不仅能够使人体与球的移动保持一种协调关系，还能够使重心移动的连续性得到有效保证，从而为运球动作过程的连贯奠定基础。

运球突破在运球技术中的实质就是利用急停、急起的变速、突然的变向等技术，与对方防守队员形成时间差，从而迅速越过防守队员，这一技术是足球比赛中一项重要的个人技术。因此，在运球技术的教学中，应将接球技术和扣球技术纳入足球教学的重要内容。

一般情况下，观察对方防守队员的位置和比赛场上的情况是运球突破成功的关键，需要注意的是，突破效果的好坏必须在己方持有控球权的前提下，同时还要感知脚下球的位置。

己方进攻队员在发觉对方防守队员开始尝试抢球时，可以迅速改变方向，从而摆脱对方防守队员的拦挡。由此可知，运球突破的关键是突然的速度变化和快速的变向，因此高校应予以重视。

2. 动作方法

①正脚背运球。运动者在运球跑动时，上体前倾且步幅要放大，以脚背正面推拨球前进。

②脚内侧运球。运动者在跑动过程中，膝关节微屈，支撑腿落在球的侧前方，用脚内侧推拨球后中部前进。

③脚背外侧运球。在跑动过程中，运动员需要身体自然放松，两臂自然摆动，并且上体稍前倾，需要注意的是步幅不能过大；运动员膝关节弯曲，用脚背外

侧部位推拨球前进。

④脚背内侧运球。运动员膝关节稍弯曲，脚跟提起，身体自然放松，步幅要小，用脚背内侧部位推拨球前进。

（四）守门员技术教学

1. 动作解析

守门员在足球比赛中具有十分重要的地位，其主要任务是防止对方运动员将球射入己方球门，是整个球队的最后一道防线。而守门员技术则是指守门员组织进攻时采用的相应动作方法的总称，即有效防御的动作。这一技术是守门员各种技术的综合体，更是一种专业的位置技术，根据守门员的各种防守行动，可以将其划分为以下五个阶段。

（1）观察判断

守门员位置不仅要求其必须了解己方攻防队员的位置关系，还要具备开阔的视野，能够纵观全局，同时守门员还要以攻防转换的发展为核心。除此之外，守门员还应根据多方面的信息判断对方进攻的意图，例如场上形势的变化、对手跑位等。

（2）移动选位

这一阶段要求守门员根据来球的实际情况判断相应的站位，并合理地、及时地移动到位。守门员的防守移动主要包括短距离的快速起动、侧前交叉步、平移侧滑步等。需要注意的是，交叉移动的速度较快，一般多用于扑远侧球或出击防守前的移动，而侧滑步移动则更便于连接双脚起跳动作。

通过有目的的移动调整自己与球、球门之间的位置关系是守门员选位的关键。从运动员的站位距离来看，守门员应选择向后能有效地防止对方的吊射，向前则能最大限度地封堵射门角度的位置站位。从运动员站立的角度来看，球与球门线中点连线上的位置是最佳的选择。

（3）准备姿势

守门员准备姿势的要求为上体略向前倾，两腿自然屈蹲，两脚平行站立，脚跟稍提，重心落在前脚掌上，两臂在体前自然屈伸，掌心向下，手指张开，同时眼睛注视来球。

（4）防守应答

对于一切能够对球门构成威胁的来球，守门员所做出的防守动作称为防守应答。防守应答主要包括两种，即心理反应和应答动作。需要注意的是，应答动作的速度与合理性则直接影响防守动作的效果，而应答动作的完成又受反应的准确性和敏捷性的直接影响。一般情况下，守门员的应答行动大致可以划分为两大类，即门区防守和出击防守。

①门区防守。主要是指守门员对各种射门刺激做出的应答动作，这一防守要求守门员动作及时到位、反应敏捷等。

②出击防守。主要是指守门员对突破队员单刀赴会和各种定向罚球点附近的球所采取的一种防守行动。这一防守要求守门员出击的时机要恰当、动作要果断、判断要准确。

（5）接球后的行动

随着我国高校足球比赛日益激烈，双方的攻守转换越来越快，一般情况下，当守门员接到球后，进攻便会一触即发。这就要求守门员必须具备较强的快速进攻意识和能力。

2. 动作方法

（1）发球

①平踢球。主要分为以下两大类。

一是单手肩上掷球，这一动作的要求为单手持球，屈臂于肩上，两脚前后开立，两膝弯曲。运动者在掷球前，身体随持球手臂摆动而侧转，并转移重心到右脚上；运动员在掷球过程中，利用甩腕的力量掷向预定的目标。

二是勾手掷球，单手持球后引，同时重心移到后脚上。在掷球过程中，手指和手腕用力将球掷向预定的目标。

②抛踢球。这一动作主要包括两种方法，即自抛的反弹球和自抛的下落空中球，这两种踢法与脚背正面踢球基本相同。

（2）拳击球

①单拳击球。单拳击球的动作要求为身体跳起接近来球，并屈肘握拳于肩前，以拳面将球击向预定的目标。

②双拳击球。双拳击球的动作要求为跳起接近最高点时，两臂屈肘握拳于胸前，两拳同时快速冲击，击向预定的目标。

（3）接球

①上手接球。运动员面对来球时，两手拇指相对呈八字形，当手触碰到球的瞬间，削弱来球冲力的同时将球接住，随后迅速转腕屈肘、下引将球抱于胸前，从而掌握控球权。

②下手接球。这一动作方法还可以划分为两种。一是跪掌式下手接球，这一动作要求运动员接球侧腿微屈，同时右腿跪撑于左脚附近，其余动作与直腿式按球相同，需要注意的是左右脚之间的距离不得超过球的直径。二是直腿式下手接球，这一动作要求运动员两腿分开，并且面向来球两手掌心向上将球抱于怀中。

（4）扑球

①腾空跃起侧扑球。运动员通过观察准确判断来球的路线，同时迅速降低重心，用脚掌外侧蹬地发力，使身体呈水平状腾空。

②腾空跃起侧扑球。运动员在确定来球的路线后，身体向来球一侧倾斜移动，并迅速降低重心，同时用脚掌外侧蹬地发力，使身体呈水平状腾空状态，靠压腕和手指用力将球控住。

③倒地侧扑球。主要可以分为以下两类。一是扑两侧球，集中精力注视来球，两脚时刻准备蹬地，并将身体重心转移到两腿之间。运动员在扑球的过程中，异侧脚内侧倒蹬发力，同侧脚屈膝迎球跨出，同时双臂迎出接球，随后利用上体压扑以加速重心的前移倒地，用手掌挡压控球。运动员在扑球过程中，需要利用异侧脚内侧倒蹬发力，随后依靠上体压扑以加速重心的前移倒地，双臂同时迎出接球，用手掌挡压控球，并快速抱球起身。二是扑脚下球，这一动作要求运动员准确判断对手射门的方向，在对手起脚射门的刹那，守门员迅速出击迎球，利用侧扑、接住、挡出等技术封堵球路，随后接屈膝团身动作。

（5）托球

这一动作要求运动员用掌跟部顶推发力，近球侧手臂伸出迎球，触球刹那，将球向侧或上托出。

第二节 高校足球运动技术的系统训练

一、运球技术及其训练

（一）运球技术

1. 脚背外侧运球

运动员上体稍前倾，身体自然放松，双臂摆动，当运球脚提起时，膝关节弯曲，并且脚尖向内斜下指，踝关节内旋，用脚背外侧部位推拨球前进。需要注意的是，跑动步幅不宜过大。

2. 脚背内侧运球

运动员身体自然放松，以较小的步幅进行跑动，上体前倾且稍向运球方向转动，当运球脚提起时，踝关节外展，脚尖斜下指，膝关节稍弯曲，用脚背内侧部位推拨球前进。

3. 运球过人

①利用穿裆球过人。在足球比赛的过程中，运球者常常会遇到对手从正面的阻拦，当阻拦者的重心在双脚之间，且其双脚之间的开立较大时，运球者应抓住时机，侧身运球接近对方防守队员，身体迅速从防守者侧面越过控球的同时，将球从对手两脚之间推过。

②变换速度运球过人。运球者通过运球速度的变化甩掉或越过位于侧面对方防守队员。

③加快速度强行过人。在运球过程中，持球者可以通过快速推拨球，越过对手的阻挡。

④人球分路过人。运球者为了达到过人的目的，可以通过利用防守者的注意力，即可以触到球的心理。运球者在防守者出脚抢球时，迅速从防守队员的另一侧越过，并将球推到前方。

⑤合理组合各种动作。运球者能够运用的组合动作包括颠、拉、推、拨、扣、挑等。这种没有规则可寻的组合方式能够使组合起来的动作适时地改变运球的

方向和速度，当对方防守队员进行阻拦时，这些组合动作更容易造成对手重心出现错误的移动，从而实现突破。

⑥用身体做掩护强行过人。运球者以较为缓慢的跑动速度面对接近的对方防守队员，同时侧身用身体靠住防守队员并将球拨出。

4. 正脚背运球

运动员在跑动过程中，步幅放大，上体前倾，当提起运球脚时，脚尖向下，以脚背正面推拨球前进。

5. 脚内侧运球

运动员在跑动过程中，支撑腿落在球的侧前方，重心落在支撑脚上，膝关节微屈，用运球脚内侧推拨球后中部前进。

（二）运球技术训练

1. 拉球训练

拉球训练主要是指运动员在一定范围内自由运球，根据哨声用脚前掌触球顶部，拉球绕支撑脚做圆圈运动。

2. 快速转身运球训练

运动员自动分成两组，然后保持一定距离并排站立。在距离队伍 10～15 米的位置放置旗杆，然后在哨响后站在两队最前的队员同时运球跑动，到达旗杆后迅速转身绕过旗杆，将球交予下一队员。

3. 拨球训练

运动员在一定范围内自由运球，根据哨响用脚背内侧或外侧拨球绕支撑脚做圆周运球。

4. 运球变向训练

训练前首先用圆锥形标志物标出一个边长为 20 米的正方形场地，让运动员主动分成四组，分别站在四个角落处，持球队员带球跑向对方的队列，并传给对方队员，随后进入对角线队伍。

5. 跑动中运球训练

这一训练需要将运动员分为两组，每人持 1 球，两队队员相距 12～15 米相对站立，一队的第一名队员直线运球向前跑到边线，在训练过程中，可以要求延长运球的距离、使用左右脚运球等。

6. 组合训练

在训练过程中，运动员每人一球沿折线向前运球，运球中用右脚脚背内侧扣球，接着左脚脚背外侧立即向斜前方拨球。

二、传接球技术及其训练

（一）传接球技术

1. 脚背外侧接反弹球

运动员支撑脚站在来球落点的侧后方，根据来球的落点及时移动到位，除触球部位外，与脚背外侧接地滚球相同。

2. 挺胸式接球

运动员两脚左右或前后开立，重心置于支撑面内，面对来球，两臂自然张开，维持身体平衡。在接触到球的刹那间，运动员需要利用胸部轻托球的下部使球微微弹起于胸前上方。

3. 脚内侧接空中球

运动员应准确判断来球的方向，并及时地移动到位。以抛物线较小的平空球为例，运动员应根据比赛时的实际情况选择适当的接球点，在接球时使脚内侧部位对准来球的方向并前迎，并将球接在所需的位置上。

4. 头部接球

运动员准确判断来球的路线，用前额正面接触球的中下部，触球瞬间全脚掌着地，两臂自然张开，全身保持上述姿势下撤将球接在附近。

5.脚背正面接抛物线来球

运动员迅速判断来球的落点并进行移动,脚背正面上迎下落的球,触球刹那接球脚和球下落的速度同步下撤。需要注意的是,运动员这一时间脚趾、踝关节、膝关节都保持适度的紧张。

(二)传接球技术训练

高校在开展传接球训练时,应采用适合高校足球发展的训练方法,逐步增强运动员传接球前选择传球目标的能力,使其在接近实战的情况下,不断提高各种传接球技术的运用能力。

三、头顶球技术及其训练

(一)头顶球技术

1.前额侧面头顶球

①前额侧面跳起头顶球。运动员起跳后,在身体上升阶段向出球的相反方向侧摆,达到最高点后,颈部扭摆甩头,上体急速向来球方向摆出,用前额侧面顶来球的后中部。

②前额侧面跑动头顶球。这一技术与原地额侧头顶球动作的要领基本相同,需要注意的是这一动作要在快速跑动中完成。

2.前额正面头顶球

①前额正面跑动跳起头顶球。运动员通过观察实际比赛中来球的运行轨迹和速度,准确判断并选择起跳位置,起跳的前一步要稍微大些,另一腿屈膝上摆。其余各环节和原地跳起头顶球相同。

②前额正面原地跳起头顶球。运动员眼睛注视来球,重心下降,两脚用力蹬地起跳,两臂自然张开,在身体上升阶段展腹挺胸,身体自然成背弓。当来球运行到目标位置时,上体前摆,触球瞬间颈部做爆发性振摆,同时两腿向前做振摆,用前额正面将球顶出。

③前额正面原地头顶球。运动员两脚左右开立，身体正对来球方向，重心置于两脚间的支撑面上，膝关节微屈，两臂自然张开。当来球运行到目标位置后，两腿用力蹬地，迅速向前摆体，在触球瞬间颈部做爆发式的振摆，上体随球前摆，用前额正面击球中部。

（二）头顶球技术训练

1. 个人练习

个人练习主要包括四个部分：一是用前额正面或侧面去触击球；二是改变吊球架上足球的高度进行各种顶球的练习，即利用吊球进行练习；三是做各种头顶球的模仿动作练习；四是将球抛向墙壁，使其反弹从而进行练习。

2. 两人练习

①顶球射门练习。在这一练习中，需要掷球队员站在球门内，顶球队员站在罚球线附近，由顶球队员跑上顶球射门。

②鱼跃头顶球练习。在这一练习中，需要先进行鱼跃落地动作练习，之后一人抛球，另一人进行鱼跃头顶球。

③两人一球练习。两人的站位相距20米左右，然后由一人进行传头顶球，另一人传回。

④两人一组一球练习。两人相距10米站立，然后由一人抛球，另一人原地起跳顶球。

3. 多人练习

①争顶球练习。一般都是以三人组成一组，一人负责传球，另外两人则进行头顶球练习，双方相距20米以上。这一练习可以将练习移至门前，其中一人向外顶球，另两人在罚球点附近，向球门里顶球。

②向后顶球。一般都是以三人组成一组，站成一路纵队，间隔6~8米。这一练习既可以踢远距离高球，也可以做不跳起或助跑跳起向后顶球。主要操作为甲抛球给乙，乙向后顶给丙，丙再抛给乙。

四、踢球技术及其训练

（一）踢球技术

1. 脚背外侧踢球

①脚背外侧弹踢球。这一技术需要运动员小腿做爆发式前摆或侧前摆，动作要领是以膝关节为轴，并在击球后踢球腿迅速收回。这种踢球方法具有隐蔽性强、完成动作快等特点，一般多用于快速运球中的传球。

②脚背外侧踢地滚球。运动员在采用这种技术时需要注意支撑脚的站位，因此为了保证支撑脚与球的相对位置符合规格要求，一般情况下，运动员站位应充分考虑来球的滚动速度。

③脚背外侧踢定位球。其踢球腿摆动、支撑脚站位、助跑等基本与脚背正面踢球技术相同，其不同之处为脚背外侧踢定位球需要用脚背外侧部位，触球后身体需要随踢球腿的摆动前移。

2. 脚背内侧踢球

①脚背内侧削踢定位球。这一技术的动作要求运动员摆腿的方向不通过球心，并且由脚背内侧部位击球的后中部，在击球的刹那，为了保证球侧旋沿弧线运行，运动员需要踝关节用力向内转。

②脚背内侧踢空中球。在比赛过程中，运动者需要根据来球的运行轨迹和速度，迅速、准确地选择击球点，用来球方向的异侧脚支撑，身体侧对出球方向，并且向支撑脚一侧倾斜、展腹。同时，眼睛始终注视球，小腿做爆发式摆动，用脚背内侧击球的后中部。

③脚背内侧踢定位球。这一技术的动作要求运动者进行步幅较大的斜线助跑，一般情况下，助跑的方向和出球的方向约成 45 度，膝关节微屈，脚尖指向出球方向，在支撑的同时，完成踢球腿的后摆动作。当大腿摆至支撑腿接近同一平面时，运动员脚背绷直，脚尖外转，同时小腿做爆发式摆动。

3. 脚背正面踢球

①脚背正面凌空踢倒勾球。运动员在选择击球点时，其移动路线需要根据来球的运行轨迹和速度。运动员眼睛注视来球，以踢球腿为起跳腿蹬地起跳，身体后仰腾空，同时一条腿上摆，另一腿向下摆动，以脚背正面击球的后部。

触球后，运动员手掌向下，背、腰、臀部依次滚动式着地。

②脚背正面踢定位球。运动员支撑脚的支撑点位于球的侧面10～12厘米处，通过直线助跑，运动员脚尖正对出球方向，踢球腿向后摆动，再以髋关节为轴，由后向前摆动，以脚背正面部位击球的后中部。

③脚背正面踢体侧凌空球。运动员在确定好击球点后，上体向支撑脚一侧倾斜，当球落到髋部高度时，并使身体侧对出球方向，以大腿带动小腿急速挥摆，用脚背正面踢球中部。

④脚背正面踢地滚球。运动员支撑脚的位置在球的侧方约10～15厘米处，在直线助跑后，运动员脚尖正对出球方向，膝关节微屈。同时大腿带动小腿由后向前摆，以脚背正面击球的后中部。

⑤脚背正面踢反弹球。这一技术的动作要求运动员必须根据来球的运行轨迹和速度，判断来球的落点，并迅速选择接球的位置。运动员支撑脚要踏在球的侧方，身体要正对来球反弹方向，在来球落地前，踢球腿的小腿急速前摆，以脚背正面击球的后中部。

4. 脚内侧踢球

①脚内侧踢反弹球。这一技术需要运动员的支撑脚站位与球的落点应保持踢定位球时的相对位置，并根据来球落点及时移动到位，在球落地的瞬间用脚内侧击球的中部。

②脚内侧踢定位球。运动员做直线助跑，支撑腿膝关节微屈，支撑脚站在球的侧面约15厘米处，脚尖正对着出球方向，踢球腿由后向前摆动并外展，小腿做爆发式摆动，使脚内侧部位所形成的平面与出球方向垂直。触球后身体跟随移动，髋关节向前送。

③脚内侧踢地滚球。运动员膝盖微屈，支撑脚踏在预计踢球的侧方约15厘米处，踢球脚稍向后摆，并以髋关节为轴。运动员在触球时，脚腕用力绷紧，脚内侧触球的后中部。

5. 脚跟踢球

①脚跟踢内侧球。运动员屈膝提腿，踢球脚自然跨到球的前方，用脚后跟击球前中部，将球向后踢出。

②脚跟踢外侧球。运动员踢球脚自然向前摆，当摆过支撑脚时，用脚后跟击球前中部并踢出。

（二）踢球技术训练

1. 对墙踢定位球训练

这一训练要求运动员将球放在地上并面向墙面，然后利用墙进行各种踢球技术的训练，运动员在习惯后可以逐渐加大难度，即不断拉开与墙面的距离，或是增加踢球的力量。运动员在进行对墙踢定位球训练的过程中，必须将重点放在脚触球部位的正确性上。

2. 无球模仿训练

运动员在开始训练前，需要先在地面上设想有一目标，然后再做踢球动作，根据自身训练的成果，可以逐渐加大难度，过渡到快速助跑踢球的模仿动作训练，期间运动员要十分注意对球的设想。

3. 突然变向后的踢球训练

每两名运动员组成一组，站位相距40米，然后放置两个相距3米的标志物，运动员运球快速绕过标志物并完成踢球动作，对面运动员接球后，迅速重复这一动作，从而完成练习。

4. 踢固定球训练

踢固定球训练需要两名运动员组成一队，一人将球踩在脚下，另一人进行踢球体会脚的触球部位。

5. 射球门训练

一般情况下，运动员在训练前需要在门与罚球区线之间放置两面小旗子，然后站在罚球区线上进行无规定射球门，需要注意的是，在射门的过程中，足球必须绕过旗子射中球门。熟练掌握这一技术之后，运动员还可以开展射球门的两个下角的训练，或是射球门两个上角的训练。

五、抢断球技术

（一）抢断球技术分析

1. 侧面抢球

①合理冲撞抢球。在跑动追球的过程中，防守者可以降低重心并使靠近对手一侧的手臂紧贴身体，用肘关节以上部位适当冲撞对手同样部位，从而达到抢球、控球的目的。

②异侧脚铲球。当运球者和防守者不能用正常的动作触球的情况下，防守者就应根据自身与球的距离，抓住时机用脚底将球铲出。铲出球后，防守者迅速向一侧翻转，从而使身体恢复到能够衔接动作的位置。

2. 正面抢球

①正面铲球。运动员在移动接近控球者时，应降低重心，并且膝关节微屈，抓住控球者触球脚触球后尚未落地的瞬间，迅速沿地面进行滑铲，为了保证能够顺利衔接下一动作，应向一侧翻滚起身。

②正面跨步堵抢。运动员在抢球时，两脚前后开立，同时运动员迎着运球者而站，身体重心下降并置于两脚间，当两人距离缩小到一定范围内时，运动员可以抓住时机向前跨步堵抢。

（二）抢断球技术训练

为了使抢断球技术训练获得最佳的效果，高校足球教育工作者应重视将抢断球技术训练与实战相结合。

1. 运动抢球训练

运动员每两人分成一组，并相对站立，由一人运球慢速跑动，另一人则选择好时机进行正面脚内侧堵抢。当两人同时触球时，抢球者立即提球，并控制球权，从而体会抢球提拉的时机。

2. 铲球训练

运动员将球放在前面某一位置，然后从原地跑出做铲球动作。训练难度可以根据自身掌握程度逐渐增加。

3. 原地抢球训练

运动员每两人分为一组，并且相距 2 米站立，一人脚前放球，另一人上步做正面脚内侧堵抢训练。

4. 合理冲撞训练

运动员每两人分为一组，并做同方向慢跑。在慢跑的过程中，两人体会冲撞的力度、部位和时机等。

5. 合理冲撞争抢球训练

运动员每两人分为一组，并在距离两人 5 米左右位置放置一球，两名运动员根据口令向球跑动，并进行合理的冲撞。

六、足球运动无球技术及其训练

（一）足球无球技术

1. 跑动

在足球比赛中，对运动员起动、减速、急停和急跑有着较高的要求，需要运动员通过扭转身体来及时改变运动方向。在跑动过程中，运动员可以适当减少双臂的摆动，从而调整身体的平衡。

①冲刺跑。一般情况下，冲刺跑多用于后场截球后的反击，在反击过程中需要无球队员根据防守情形，快速冲刺到最合理的位置，从而给予对手致命一击。运动员应保持身体的放松，摆臂有力但不要紧握双拳，利用蹬地使身体获得向前的动力，但要尽量避免引起全身肌肉的紧张。

②快跑与中速跑。在实际的比赛过程中，运动员应根据比赛场上的即时情境选择快跑或中速跑，当需要插入对方防守"空当"时，运动员应采取快跑。在快跑或中速跑时，运动员应保持身体重心的稳定，两臂摆动要适度、自然，除了正确的身体动作之外，还应注意腿的动作速度，避免腾空时间过长。

2. 跳跃

①单足跳。运动员在起跳前，身体稍微后倾，起跳腿置于身体前且脚跟先着地，以协助制动，然后起跳腿屈膝以便用力蹬地，同时两臂用力前上摆，从

而全力向上跳起。

②双足跳。运动员两脚开立与肩同宽，将身体重量均匀地分布于前脚掌，身体稍向前倾，有力地向上甩臂，同时寻求最佳屈膝角度。

3. 起动

①运动中起动。这主要是指运动员身体处于走动或慢跑的情况下，根据比赛中的实际情况，是自己进入符合比赛要求的跑动中。运动员在起动时，脚步应处于预动状态，并仔细观察场上的情况，动作过程中要自然摆动两臂，要用力蹬地并跟随短小步幅跑，在接触对手时要保持低重心。

②原地起动。这主要是指在一次激烈的对抗后，运动员能够迅速进行体能调整，同时根据比赛场上的情况进入下一轮的跑动中。运动员在原地起动的过程中，需要蹬地并跟随短小步幅跑，用力摆动两臂。

4. 保护

①跳起落地倒地保护。当运动员身体失去平衡倒地，在落地时不要用手硬撑，而要迅速团身滚动，然后迅速站起。

②倒地保护。运动员在倒地时要迅速团身转体，随之滚动、迅速站起，而不能硬撑。

5. 晃动

晃动主要是指以身体垂直轴为中心的扭转，这一技术大多用于欺骗对手的重心向一侧移动，从而使其失去平衡，有利于运球者突破防守。运动员在无球状态下摆脱防守同样也需要采用肩、腿和手臂的虚晃。急停、起动和转身这些无球技术的熟练程度决定着晃动效果的好坏，由此可知，稳定性不仅是假动作逼真性和多样性的重要保障，还是最大幅度虚晃动作的基础。

（二）足球无球技术训练

1. 假动作训练

①运动员相距3～4米纵向排列，最后一名队员尽力进行全速冲刺，并从两名队员中间穿插跑过。

②在训练场的中圈内设置无规则的立杆，通常为8～12根，运动员在圈内进行快速曲线跑。

③规定一个范围，例如罚球区半场内，开展一人追逐三人的训练。被抓到的足球运动员接着担任起追逐的任务，而被追逐的足球运动员在范围内进行各种假动作进行躲闪。

④足球运动员进行两脚交替跨跳的训练。在训练场上画一条1~1.5米的折线，并在拐弯处画圆圈，足球运动员尽量做左右两脚交替跳入圈内前进的训练。在跨跳时，足球运动员应尽量保持低重心，起跳的角度尽量要小。

2. 跳跃训练

①运动员开展一人追、另一人摆脱的游戏训练，一般情况下，场地范围为15米×15米。

②足球运动员在队长带领下，进行10米×5的模仿跑训练，训练的间歇时间为180秒。

③运动员在看到视觉信号后，开始做面向、背向、侧向起跑方向的滚翻动作，疾跑距离为25~30米，训练间歇时间由原来的5分钟逐渐递减为30秒，每次缩短时间为10秒。

④运动员采取背向教练员坐或蹲的姿势，当教练员从背后掷出球后，运动员立即起动追赶球。

⑤足球运动员进行5~10度的站立式上坡跑训练，或是25~30米的斜坡跑训练，间歇时间应逐渐递减。

⑥足球运动员进行30米的绕立杆跑训练，训练的间距为2.5~1.5米，立杆自前向后的间距应逐渐缩短。

⑦采取头、脚，左侧身、右侧身等姿势的朝向起跑方向的俯卧姿势做好准备，看到教练员视觉信号后，迅速起动疾跑25~30米。训练的间歇时间由原来的5分钟逐渐递减为30秒。

⑧足球运动员在300~500米的场地上进行变速跑训练，并根据教练员的指示不断进行变速训练。

第六章 高校足球运动战术教学与系统训练

在整个足球教学系统中,高校在足球战术方面的教学发挥的作用非常关键。大学体育教学中的足球运动教学活动,不仅受到大学生的欢迎和喜爱,而且十分重要。足球专项战术教学训练与足球战术教学特点相结合,以教学目标为依据,以教学内容和教学的实际情况为基础,在运动技能形成的不同阶段,对教学方法进行合理的运用,从而能够达到更好的教学效果。本章主要包括高校足球运动战术的教学、高校足球运动战术的系统训练两部分内容,详细阐述了足球运动战术的概念、分类、攻防战术等方面的内容。

第一节 高校足球运动战术的教学

一、足球运动战术

(一)足球战术的概念

足球战术是指以达成战胜对手为目标,以比赛的实际发展情况为依据,运动员所采取的战略措施和方法,或者运动员与集体互相配合时所采取的方式和策略。运动员的身体和心理素质以及运动员的技术水平和能力都与足球战术能否发挥作用有非常密切的关系。

从本质上说，足球战术是运动员在随时发生各种变化的比赛场上，以自己掌握的知识和技术能力为基础，将自己身体里的潜在能力充分发挥出来，最终取得比赛胜利的手段。

战术意识对一个运动员来说十分重要。只有具有强烈的战术意识，才能够战胜对手，取得胜利。战术意识是运动员在比赛进程中的一种自觉的心理活动，是对比赛的客观显示，以及具有目的性和自觉性的反映。

战术意识是运动员对比赛场上的进攻和防守态势的判断和自觉的选择，是在某一个瞬间做出的对战术的运用和对态势的决断能力的体现。一个运动员对战术的操控能力以及战术意识的强弱，都会对比赛结果产生直接的影响。运动员只有具备综合的战术能力，才能对随时变化的比赛情况进行准确的判断，并灵活地制定战术方案，应对战术变化，从而取得比赛的最终胜利。比赛实践证明，夺取比赛胜利的重要因素之一就是对战术的成功组织和巧妙运用。

（二）现代足球攻防战术分析

1. 足球攻防战术的本质

为了达到得到分数或者阻止对手得到分数的最终目标，足球攻防战术成为重要的战术之一。

进攻和防守的双方，为了争取时间和空间优势，在持续不断的抗争过程中相互限制和反限制。足球比赛过程中的所有成功，都必然是在时间上和空间上取得了优势的结果。

时间观念和空间观念在足球比赛中被强调是有原因的。在比赛过程中，在防守中，为了获得控制球的主动权，运动员会做出一些虚假的身体动作迷惑对手，使对手身体两旁的空间暴露出来，然后迅速和充分地对这一空间进行有效利用，使防守得到突破，从而获得进攻或射门的有利机会。

在进攻的过程中可以利用各种手段诱使防守人员在重心上出现偏离，在这种情况下，空间就有可能被暴露，然后充分利用这个空间就能够抓住更好的进攻或者射门的机会。

在各种级别的足球比赛中，由于把球传给了对方而输球确实是出乎人们意料之外的。说他错误也罢，粗心也罢，其结果是一样的。宁可将球丢失在前场，也别失在后场。应该懂得，在自己球门附近巧妙的短传，并不意味着你的球技高超，而有时候即使把球踢上看台，只要这样的处理正确，那也是好球。

2. 足球比赛攻防战术的特点

（1）强对抗

争夺时间、空间主动权，可以通过身体假动作来摆脱盯防的对手。身体假动作就是起到误导对手或让对手失去平衡的欺骗性身体或脚部动作。肩膀稍微下斜或者快速从球上方跨过或许就导致对手走向错误的方向。快速改变速度和方向同样还能在你和对手之间创造距离，从而获得将球转向对手球门的机会。用脚的内侧或外侧快速左右切球、短暂停住、剪刀步以及火速冲入空地中等动作都能将对手甩掉。一旦将球转向对手的球门后，应该立即向最近的防守者发起进攻（带球进攻）。此时的目的是吸引防守者来到身边，然后通过带球超越的方式或者将球传到对手后方的方式绕过对手。你所采取的动作部分取决于当时自己在球场上所处的位置。

（2）赢时空优势

发现对手将要接球时，要快速缩短与对手之间的距离。理想情况下，应该和对手同时到达球落地的位置或者比他稍微早些。如果可能的话，调整你的接近角度，限制对手的选择余地。例如，可以将对手赶入挨着边线的区域，或者将他逼入已经被其他防守者占据的空间。在任何情况下，都必须保持良好的平衡和身体控制。在接近进攻者时要迅速，收窄步伐，弯曲膝盖，调整到稍微下蹲的姿势。保持较低的身体重心，让重心落在脚趾肚上。采取前后站立姿势，双脚前保持舒适的距离，让一只脚稍微位于另一只脚的前方。

比赛节奏就是在一个特定的时间和空间内，将多种因素按一定规律组合。一旦进攻者转过身来将球对准你的球门，那么他的选择余地将大大增加，而且处境得到改善。目前最大的危险是对手能够将球传到你的后方空地上，或者带球超越你，从而攻破防守。因此，这时第一要务便是阻止背向球门的对手将身体和球转过来。此时的防守位置应该相对较近，但是又不要太近，让对手和球一起转身将你摆脱。进入对球有良好视线的位置，并且如果对手试图转身时，还要能够迅速向前踏步进行抢球。

（3）创造时空

一个能够控球的球队才能控制整场比赛，才能为进攻对手做好充足的准备，才能将控球渗透在传中、传球以及射门中，从而威胁对手的球门。中场球员以及前锋必须是能够在对手围攻的情况下控制住球的球员，他们能够将球牢牢控制在脚下，为队友争取充足的时间来跑到最佳的支持位置。侧翼进攻球员，无论是中场球员还是后边锋都能在进攻侧翼球员时找到适当的空间。进攻球员经常有机会跑向防守球员，因为中场防守球员之间或身后有足够的空间来带球。球员如何利用带球技术取决于目前的战术情况。当侧翼球员接到传球并面对一名防守队员时，可以攻击防守队员的前腿。同时将球踢到该防守队员身后的位置。接着侧翼球员迅速移动到防守队员身后成为第一个接到球的人，并继续带球。

年轻、缺乏经验的球员通常意识不到控球对整个团队的重要性。通常这些缺乏经验的球员只想着通过带球击败对手，把球传给后卫或者试图从不可能的角度进行传球。在以上任意一种情况下，球队往往都会丢失控球的主动权。

第一，加强重视中场力量。当球向对手球门的方向靠近时，则要缩短支援距离。防守球队通常在最危险的进球区域为队员提供支援，即球门的中央和前方，从而减少进攻者在该区域可以利用的时间和空间。通过在该区域部署更加严密的支援，突破对手密集的防线并创造射门机会。当球向远离对方球门的方向移动时，可以拉长支援距离。球的附近的进攻者为控制球的进攻球员提供传球选择余地。想象一下，在球的方向有两条直线，每条线通向一个支援球员。两个支援球员相对于球形成的角度应该大于等于 90 度。对于分布在大角度位置上的两个或多名球员，一个防守球员不可能覆盖住他们，但是如果支援球员都分布在一个狭窄角度的区域中，那么就可能被防守者以一挡三或者甚至更多。

第二，灵活调配攻守力量。进攻和防守两个方面的重要职能是每个运动员都要同时具备的双重能力。在比赛进程中，运动员在场上的位置职能不仅仅是交叉的，而且是不断扩大的。支援球员应该以大角度散布在球的附近，从而保持到达球的畅通通路。支援球员不应该站在防守者的后方，那样可能导致防守者封死通向支援球员的通路。足球运动是流动型的运动，因此支援的位置也是不断变化的。当球从一个进攻者传向另一个进攻者时，提供支援的球员必须相应地调整自己的位置。鉴于此，无球球员必须比有球球员更加努力是正确的见解。尽管尽了一切努力，但有时还是让一些高超的进攻者转过身来面向你。在这种情况下，最先要做的是防止对方突破。试图采用计谋将进攻者逼入有限的空间内，例如将对手赶向边线或其他防守者的范围内，或者迫使他倒退或左右躲闪。如果能够成功杜绝或者至少拖延对手突破防线，即使是短暂的时间，也会给队友提供在球的后方（球门侧）进行重新组织的时间。

（4）保持时空优势

目的是通过横向和纵向分散对方球队的球员来创造开放空间，从而为控球的进攻者提供更多的选择余地，并在团队的配合和个人的灵光闪现之下突破对手的防线，最终将球射入球门。相反，防守战术的目的是从横向和纵向收紧防控，减少进攻球员可以利用的空间和时间，并在球的后方布置充足的球员，最大限度减少控球进攻者的选择余地，从而阻止对方突破防线。一旦防守者赢得球权后，那么整个球队必须快速从防守转变为进攻。反之亦然，对方球队则立即采取防守阵势。从这个角度看，进攻战术和防守战术就像一枚硬币的两个面，相互依存，缺一不可。尽管两者的目的截然相反，但是它们都必须根据球权的转移而进行快速而有效的角色转换，从这个意义上它们又是极为相似的。

（三）足球战术的发展趋势

足球运动不断发展，仅仅依靠技术和体力就能取得胜利的现象已经消失。培养全攻全守全面化的运动员，已经成为新的发展趋势。但是位置职责的安排和分工还是存在的，这是要求队员的表现应该是全能的，无论在哪个位置上，都能够胜任这个位置的职责。

国外足球专家和教练员认为，足球战术有如下发展趋势：①基本的进攻阵型是有效和具有吸引力的；②以速度为对象的足球，在场上的每一个位置都强调速度；③在场上的队员能适应不同环境下的不同战术打法；④组织进攻自信，战术使用灵活；⑤良好的战术纪律、始终发挥团队精神，是球队成功的重要因素；⑥战术是在个人表现、突然快速和令对手防不胜防的条件下完成的。战术是在整体打法和个人突出表现相结合下完成的。

二、高校足球运动战术的教学

战术意味着决策，它是一个心理或思考过程。如果涉及决策问题，那么这样的思考过程是就战术考虑的。通常，战术和技术会重叠，产生灰色地带。在后期的技术发展阶段中，力量是教练最希望球员获得的。守门员有力量才能足够快、足够远地进行鱼跃救球；后卫有力量才能进行长传解围，成功将球越过对手。在训练初期，力量和速度不是重点，直到球员能够在可接受的水平上完成动作后才渐渐引入。球员要完成任务，必须要学习和掌握基础动作，通常这些动作在没有时间、空间和对手的情况下进行演示和学习。球员的发展需要教练付出耐心。球员需要时间和训练才能掌握和巩固某项技术、技巧。有些教练认为说明和示范对于球员正确完成某项技巧已经足够，但是真实情况往往相反。球员在场上灵活运用技巧前，通常需要花费大量的时间和精力进行自主练习。球员执行完成某技巧时一定要做出决策。这些决策就是技术的战术要素。如果缺少必要的技术要素，那么再好的战术也会失败。

（一）阵型运用

常用的比赛阵型包括"四四二"阵型、"五三二"阵型、"三五二"阵型、"四三三"阵型、"四五一"阵型。

1. 不要脱离实际

不要盲目搬用脱离实际的阵型。在选用阵型时，应紧密结合本队的实际能力和特点，追赶潮流，效仿他人是不可取的。最佳的阵型就是能够扬长避短，让长处得以发挥同时又遮住弱点，以及能够为球队的成功创造最佳机会的阵型。

2. 随机应变

提倡发挥队员的应变能力和创造力。全攻全守要求每名队员能攻善守，充分发挥应变能力。只要有优秀的球员，而且他们愿意接受自己在团队框架中的角色和职责，那么什么样的阵型都会有比较高的成功把握。因此，尽管阵型为团队战术的执行提供了结构并定义了开始点，但是它绝对不是最重要的关注焦点。要想在足球场上取得成功，个人球员的目前和将来的发展才是最重要的因素。

3. 保持完整的队形

在攻防中无论队员如何纵向或横向变换位置，各个位置既不能重叠又不能缺人。阵型只是开始点。比赛一旦开始，队形就处于不断变化之中。在现实中，如果球员遵循进攻和防守战术，那么在比赛的总体跑动中，所有阵型看起来都是非常类似的。

4. 合理组合队员

教练对每个队员都是非常熟悉和了解的，每个队员有什么样的优点，有什么弱势，都在教练的掌握之中。教练应该根据不同队员的特点，巧妙地将他们组合在一起。尽量使每个队员都能够充分发挥出自己的优势，然后在互相配合中弥补自己的劣势。所以，教练员要知人善任，使全队融为一体，充分发挥集体的力量。

5. 合理的攻守打法

球队的攻守打法都是建立在本队特点和双方实力对比基础上的。第一防守者必须在对手的进攻点施加直接的压力，此时的目的是立刻阻止对手通过带球或传球突破防线，从而让防守球员获得充足的时间赶回到球的球门侧位置。在第一防守者给球施加压力时，第二防守者进入相应的位置，保护第一防守者后方的空间。在这个位置上，如果第一防守者在带球挑战中被对方击败，那么盯防防守者可以向前移动拦住带球者并阻止对手突破防线。

（二）战术运用

1. 传球战术

（1）传球战术要求

传球属于个人进攻战术。传球在比赛中不仅运用的最多，而且在战术手段中占有非常重要的地位。如果位于自己的场地内，与带球相比，将球传给站在更远位置的队友是突破防守的最佳选择。即使传球被截断，己方仍然有充足的队员在球的后方，可以阻止对手的立即反攻。相反，在己方场地上带球失球可能会导致更加严重的后果，因为己方队员大多数都已经位于球的前方，从而给对手创造了反攻球门的可乘之机。如果位于对方的后场上，由于比较接近对方的球门，带球突破防线可能会产生最佳的结果。在该区域内，防守球员通常会采取封闭阵势，不留下任何通路。在此时，能够带球继续前进并攻破防守者的球员将成为宝贵的进攻型球员。同样，与绕过防守者创造射门机会获得的回报相比，在这个区域丢球的导致的风险并不大。尝试通过带球突破防线时，要选择通向球门的直路线，该举动会将第一（最近）防守者吸引过来。该战术通常被称为挑战防守者，因为这会强迫该防守者要么向前抢球，要么向后退拖延自己的突破。

（2）传球的注意事项

试图在传球时突破对方的防线，要综合考虑自己在球场上的位置、失去球权的风险、在该位置强行进攻的潜在回报，以及自身的技术长项和弱项。如果位于己方的后场，那么丢球权的成本可能会非常高。

2. 运球突破战术

（1）运球突破的要求

第一，运球突破战术也属于个人进攻战术。运球突破技术随着防守技、战术的提高，运用难度也随之增大，如果防守者过来抢球，那么可能会给位于更前方的队友打开空间，或者让自己有机会带球超越防守者，从而创造在数量上有优势的进攻机会。一旦带球球员突破防守者后，则继续以最快的速度冲向球门。一定不要两次突破同一个防守者。

第二，要掌握恰当的运球突破时机。在试图将球转向球门方向前，使自己与紧盯的防守者脱离。运用身体假动作并配合使用突然改变速度和方向，来创造空间将球转向球门。

（2）运球突破的注意事项

一个足球运动员在长达90分钟的比赛中拥有球权的时间很少，大部分的时间运动员都是在无球的状态下比赛的。因此，无球时的行为和动作必须高效而且有意义。球队不能容忍任何旁观者——即有球就喜欢卖力，无球就站着看别人踢球的球员。与以往任何时候相比，球员在无球时的跑动和移动对个人和团队的成功都更加重要。球员应该不停地移动，以便可以接队友的传球或者为队友创造空间。

3. 阵地进攻战术

阵地进攻战术属于集体进攻战术。在场上的队员能适应不同环境下的不同战术打法。足球比赛中，运动员战术思维总是伴随着操作行动进行的。基本的进攻阵型是有效和具有吸引力的。进球更多来自定位球战术。

（1）中路渗透

中路渗透一般有三种形式：前场发动进攻、中场发动进攻、后场发动进攻。重新把球权夺回的第一步便是根据相对于对手、球和己方球门的位置采取正确的开始姿势。通常的做法是进入球门侧位置。也就是进入自己防守的球门和球之间的位置。从球门侧位置，运动员可以一直看到自己负责盯守的球和对手。总体而言，稍微偏向对手内侧的位置对你是有利的，这样可以挡住他进入球场中央的位置。在该位置上可以挡住进攻者射门的最直接路线。后场发动进攻的主要方法有守门员发动进攻、后卫发动进攻。

（2）边路传中

边路传中是指在对方半场两侧地区发展的进攻，以传中创造射门为目的。

要考虑处于球场的什么位置以及对手的能力。作为一般规则，对手距离己方的球门越近，则盯防的距离应该越近。对于在射门区内的对手，必须切断他射门或向前传球所需的时间和空间。对于速度较快且行动迅速的对手，应该多留出一些空间，避免他恰好将球推向前方并超越你的位置。如果对手的技术非常高超但是速度相对较慢，那么应该进行更加近距离的盯防。对于这种情形，运动员必须切断他运用技术所需的时间和空间，避免被对手打败。

（3）中边转移

一般来说，比赛中中路渗透战术要是达不到目的，应及时往边路转移，弯曲膝盖，双脚前后站立，目光落在球上，双脚采取前后站立姿势能够防止对手将球从运动员的双腿之间推过去。在该姿势下，运动员还可以对对手突然改变方向和速度做出快速反应。

4. 保护战术

保护战术属于局部防守战术。保护是指同伴紧逼对手时，自己选择有利的位置来保护同伴，防止对手突破。防守位置应该距离进攻者大约一步或两步，这样能够保持对球的良好视线。如果进攻者试图转身，运动员可以快速踏步向前去抢球。如果能够阻止进攻者转身，强迫对手后退或者左右躲闪，那么运动员就完成了自己的任务——拖延进攻，从而为队友撤到球的后方并进行重新组织提供时间。如果己方的对手没有球，那么必须相应地调整位置，因为你已经不再履行第一防守者的职责。在这种情况下，所采用的开始位置应该让运动员能够第一个冲到任何传入对手前方的球上，但是如果球直接传向该球员，该位置还必须让己方能够进行抢球或拦截传球。最实用的经验就是，如果球接着被传向你所负责盯防的球员，那么在球飞行的过程中运动员可以拉近距离，从而在球到达时抢球。

5. 任意球进攻战术

（1）直接射门

有效的离球移动可以为控球球员创造传球选择余地，将对手牵制到不利的防守位置以及为队友扫清障碍。它能让团队在比赛中对球保持更长时间的控制权，并最终创造出色的射门机会。如果不能有效地传球、接球、带球和射门，那么知道如何选择位置、何时跑动或者如何执行特定的战术都是空谈。开始时，以突然爆发的动作向前跑动，假装要超越对手去接球。防守球员会保持聚集在球门侧，占据对手和球门之间的位置，因此防守者通常根据你的移动撤退。当防守者撤退时，运动员突然掉头向球的方向跑去。从而创造可以接球、控球和带球转身的所需空间。

（2）配合射门

进攻球队一旦在对方的防线中形成了缺口，那么就必须在错失良机前快速发起进攻。一般而言，在球场的中间区域形成的射门机会对进攻球队尤为有利，因为它能够提供宽阔的射门角度。在球门的中间前方发起的射门最可能一击即中，而从侧翼发起的射门由于射门角度比较窄，通常很难击败优秀的守门员。

（3）两侧斜传强攻

当罚球点在罚球区附近两侧时，采取这种进攻战术。创造射门机会只是成功的一半；利用这些机会的能力才能最终决定成败。简而言之，射门是足球比赛中最艰巨的任务，它的困难程度是独一无二的。尽管缜密的战术和相互配合让球员进入射门位置，但到头来还需要个人去完成射门机会。射手是天生的，绝非后天可以培养出来。他们指的是一些抽象的品质，例如预判能力、时机选择能力、球场观察能力、在压力下保持冷静的能力以及在正确的时间出现在正确的位置上的能力，这些似乎都是优秀射门手必须具备的天赋。

第二节 高校足球运动战术的系统训练

一、运动员战术能力

战术能力是指运动员掌握和运用战术的能力，是运动员整体竞技能力水平的重要构成部分。战术策略意味着各种选择。战术策略为球员提供决策。战术训练意味着赋予球员在比赛过程中制订决策的能力。与技术训练相同，球员需要进行各种活动，在练习过程中球员反复练习，必须制订战术决策，这样才能有能力在比赛中迅速做出选择。如果球队中满是技术或者战术能力（或两者）低能的球员，那么什么样的阵型都不会得到有效发挥。

良好的战术纪律、始终发挥团队精神，是球队成功的重要因素。为了在比赛中能切实执行这一原则，教练员可以设计安排各种可行而有效的方法，如由小型战术过渡到整体战术的训练方法等，培养队员这一意识和能力。

二、足球战术与战术能力的影响因素

（一）军事学与谋略学因素

"战术"这个词原本就来源于军事术语。战术是在整体打法和个人突出表现相结合下完成的。向前方运球将会在身后创造空当，反之亦然。在执行这一原则时，对队员的起动速度、爆发性的速度有特殊要求。所以，足球战术的发源、形成以及发展，都和军事学、谋略学的影响有十分密切的关系。

1. 知己知彼

知己知彼，百战不殆。足球比赛中，制胜的先决条件是透彻地了解对手及本方的各种情况。如果不能做到对自己的优势和劣势的了解，也不能了解对方的优势和劣势，那就如同闭着眼睛乱踢，很难取得胜利。

2. 攻与守

进攻与防守是足球比赛中的一对基本矛盾。进攻球员经常有机会跑向防守球员，因为中场防守球员之间或身后有足够的空间来带球。球员如何利用带球技术取决于目前的战术情况。当侧翼球员接到传球并面对一名防守队员时，可以攻击防守队员的前腿。同时将球踢到该防守队员身后的位置。接着侧翼球员迅速移动到防守队员身后成为第一个接到球的人，并继续带球。

（二）心理学与思维科学因素

1. 神经过程

不同神经类型的足球运动员在学习尤其是运用战术方面有着不同的特点。虽然可以通过后天性训练来对运动员的神经过程进行一定程度的改造，但为了提高训练的效率和经济性在选择足球运动量时，还应选择具有灵活性神经过程的人。

2. 注意和智能

足球运动员注意品质同其观察能力密切相连。扩大注意视野、注意的高度集中及迅速转移等都是培养和加强足球战术意识的重要因素。足球比赛中，足球运动员的战术思维总是与强烈的情绪体验相联系,包括增力情绪和减力情绪等。

三、进攻发展过程的三个阶段

(一)进攻原则

战术的成功执行很大程度上取决于正确判断形势、选择合适的动作以及能够精准地执行技术动作。换言之,你必须决定要做什么以及什么时候做,然后以过硬的素质身体力行。提升战术意识是所有球员的不懈追求,对高水平的球员而言尤为如此。通过模拟在比赛中可能面临的情形进行训练,可以增进对小组进攻战术的理解。即使是资深专业球员,也可以在模拟比赛的场合中通过反复训练提升决策能力。目前,国际足坛广泛流传和运用的四个进攻原则是宽度、渗透、灵活、即兴。

1. 宽度

扩大防区利于进攻。为了促使队员在比赛中能切实执行这一原则,教练员可以设计安排各种可行而有效的方法,如由小型战术过渡到整体战术的训练方法等,培养队员这一意识和能力,而接应的队员必须具备不失时机地拉开和占据场地两侧空当的意识和能力。因此,当处于这一赛势时,任何场区都可以应用这一原则。

2. 渗透

在采用横向拉开防线后,随即采用渗透性的纵向传球是十分重要的。这一原则对于有球和无球的队员的意识、技术和速度等要求甚高。无论是中场球员还是后边锋都能在进攻侧翼球员时找到适当的空间。进攻球员经常有机会跑向防守球员,因为中场防守球员之间或身后有足够的空间来带球。球员如何利用带球技术取决于目前的战术情况。在正面的带球球员成功突破防守后,球员接到传球后面对对方防守队员时必须进行控球,直到队友前来支援。带球击败对手是必不可少的技能,因为无论什么时候球员带球冲破防守队员后,他都能够进行最后的传球或射门。那些成功地在侧翼带球冲破防守的球员能够让其他队员在禁区接到传中球并起脚射门。控球以及摆脱防守是一个成熟球员的标志。

3. 灵活

攻方离守方禁区越近，守方盯人越紧，这一防守特征，迫使进攻战术中有球和无球的灵活原则油然而生。如果仍然刻板地、千篇一律地执行既定战术则是一筹莫展、事倍功半。执行这一原则时，对有球队员提出了更高的要求。有球球员的战术意识主要表现在：向右侧运球为同伴创造了向左侧跑位切入的空当，反过来也是一样的；向前方运球将会在身后创造空当，反之亦然。在执行这一原则时，对队员的起动速度、爆发性的速度有特殊要求。因为摆脱盯人、切入空当均需起动速度，而对二线的中场策应、插上及三线的后位插上进攻等均需爆发性速度。

4. 即兴

这一原则是指在进攻时即兴创造射门机会和运用射门技术。在射门和防止射门的一刹那间，队员相互之间的短距离对战、争夺最为激烈。进攻队员技战术的运用及其有效性则更依赖于队员对环境的深刻理解和即兴创造力。因此，直觉感、反应思维、本能反应、意志过程和比赛经验及个人天赋等，就成为参与进攻的每一名队员的必备条件。

（二）进攻的三个阶段

1. 开始阶段

进攻开始阶段的基本目标是创造空间，牢稳地控制住球。如果防守者过来抢球，那么可能会给位于更前方的队友打开空间，或者让你有机会带球超越防守者，从而创造在数量上有优势的进攻机会。

2. 组织阶段

组织阶段的基本目标是攻击防守者的身后，实现此目标需要下列技巧。

（1）无球跑动和有球配合

无球跑动是要按照创造和利用空间的基本守则及本队打法特点，有目的地跑位，优先做的应该是阻止对手攻破，而不一定要赢得球权。进入适当盯防距离，双脚采取前后站立姿势，让身体重心均匀分布。仅当后方有队友立即填补上来或者有十足的把握能够抢球成功时，才能发起抢球挑战。

（2）保持宽、深度

每个进攻队员始终是宽度、深度的创造者和组织者。成功地执行小组进攻战术要求在特定场景中理解每个进攻者的角色，以及执行必要技术所需的能力。对于在射门区内的对手，必须切断他射门或向前传球所需的时间和空间。如果未能提供足够的支援，使第一进攻者孤立无助，那么优势将转向防守球队。在决定何时、何地、以何种方法进入恰当的位置，从而提供更多的支援选择时，要考虑特定场合所需的支援球员的数量、最有利的支援角度以及合适的支援距离。

3. 结束阶段

射门得分，取得最后的胜利是进攻结束阶段的基本目标，实现此目标需要下列技巧。

（1）边斜线传中

依据可利用的空间、防守者位置和同伴位置确定边斜线传中的机会。球的附近的队友过少（缺乏支援）将限制进攻者的选择余地，而队友过多也可能是不利的，因为他们会将更多的防守者吸引到争夺区域。在球场上带球朝着附近的队友（接球者）侧向运动，而他向你的方向移动。当你从接球者身边经过时，将球留下。接球者将球接过，然后继续向前朝着相反方向前进，进入你腾出的空地。在交换球的过程中，尾随你的对手临时被遮住视线看不到球。你和队友之间这种的运动轨迹为接球者创造摆脱盯防对手的机会，得以带球冲向球门。

（2）运球突破

持球队员一旦做出运球突破的决定，则必须坚决、果断地运球渗透，不要轻易改变决定。带球冲向最近的防守者，将他卷入挑战中，这点类似于创造机会的场合。随着比赛的发展，一个队友快速绕过你冲向更加前方的位置，该动作为你创造了空间，让你可以呈对角线向前方传球，让交叉跑位助攻球员冲上去接球。

（3）下底传中

根据可利用的空间，视防守者和同伴位置选择回扣时机。作为带球者，在交换球的时刻你需要保护好球，不要落入尾随防守者的手中。因为防守者通常位于球门侧，即位于你和球门之间，要用外侧脚（也就是远离防守者脚）来控制球。接球的球员呈一个角度接近球，用他的内侧脚（接近你的脚）来接球。在执行交叉掩护时，通常遵循右脚对右脚、左脚对左脚的原则。此时同伴围抢射门，要优于直接争顶射门。

四、防守发展过程的三个阶段

（一）失球的原因

防守战术运用于一个队失去控球权，又夺回控球权，因此控球权是防守的核心。在这一过程中，全队每个队员都必须十分清醒地认识到保护自己的球门是促成防守成功的最先决的条件。

进攻和防守的矛盾，在整个足球比赛的进程里贯穿始终，并且在每个运动员的行动中渗透着。进攻和防守的矛盾，彼此之间既是相互制约的，同时也是相互促进的，从而推动了足球技术和战术的不断发展和创新。时间和空间的争夺在这对矛盾的相互促进与发展的过程中起着催化剂的作用。

尽管国际足联通过越位规则的修订、"3分制"和"金球法"等手段极力鼓励进球，而且期待攻势足球的呼声接连不断，但是当今世界足坛对防守还是非常关注的。教练员的头脑中一个根深蒂固的理论：进攻应在稳固的防守前提下进行，少失球或不失球是取胜或求平的重要保证。防守的口号就是不给对方自由。

要说明这些问题，首先要搞清楚失球的原因，并从中找出规律，提出解决的办法。简单归纳起来，失球的原因大概有以下几种。

1. 对持球人没能紧逼

所谓紧逼是指防守人员必须和持球队员保持两米以内的距离和一定的角度，严格控制对方的行动，不给对方向前传球和射门的机会。第一防守者的关键责任是拖延对手的进攻，从而为队友赢得撤回并在球的后方进行重新组织的时间。对于立即加入抢球的诱惑一定要保持克制，因为一旦误判，将导致第一防守者被攻破并落在球的后方。

2. 对抢球队员缺乏支持

抢球队员不敢逼近对手的原因之一是因为他们总是感到身后有空当。在自己球门附近巧妙的短传，并不意味着你的球技高超，与抢球队员站在一条平线上，没有相互保护的距离和角度是大多数保护队员的通病，结果导致整个防线崩溃。

3. 没有盯紧切进的无球队员

作为盯防防守者，有两个主要职责。首先，你必须保护第一防守者后方的空间。为了实现该目标，你要进入一个阻止对手传球经过该空间的位置，而且必须做好万一第一防守者在带球挑战中被击败立即补上的准备。其次，必须注意到球的附近的对手（支援进攻者）。要想完成这两个职责，所进入的位置必须与第一防守者保持恰当的角度和距离。要想达到恰当的盯防角度，进入第一防守者后方偏向侧边的位置，而不是正后方。在这个开始位置，可以拦截从该空间经过的传球，而且如果球传给这名球员的话还可以挡住附近的支援进攻者。应该保持对球的良好视线，而且应该能够根据第一防守者的移动快速调整自己的位置。在理想情况下，第一防守者后方左右两侧都应该各有一个盯防防守者。盯防的距离根据所在的场地位置不同以及附近的对手的位置而不同。在己方球门中央和前方的进球区域，盯防的时候必须十分紧密。在该区域内，必须阻止对手获得射门所需的时间和空间。当球远离球门时，盯防的距离可以相应变长。作为盯防防守者，还需要负责盯紧球附近的对手。

4. 要害区域（罚球区附近）的失误

在各种级别的足球比赛中，由于把球传给了对方而输球确实是出乎人们意料之外的。因为禁区附近是攻守双方争夺最激烈的区域，极易因紧张而失误。提醒队员特别注意的是如果确实控制不了球，宁可将球丢失在前场，也别丢失在后场。

（二）防守程序

1. 由攻转守

如果位于第一防守者的正后方，则保护不了第一防守者的侧边空间，而且一旦第一防守者在带球挑战中被打败，你所处的位置也难以快速上前补上。盯防防守者应该位于第一防守者的后方两侧。三名球员形成一个三角形，其中第一防守者位于三角形的顶点。

2. 延缓进攻

在试图夺回控球权的过程中，前锋与中场队员应采用各种行动，尽可能地延缓和干扰破坏对手的进攻，这样才有利于同伴组织防守和选择正确的防守位置，找自己的盯人对象。防守中的平衡是通过远离球的球员沿着想象的平衡线进入恰当的位置来实现的。平衡线是从球的位置开始并向最远那根球门柱延伸的对角直线。从沿着平衡线的位置上，防守球员可以保证球在视线中，并且截断了直接传往防线后方的球。一般的原则是，球员距离越远，他沿着平衡线的位置就应该越深。

3. 保护球门

在球门附近完成的动作和活动通常快、猛，而且充满身体接触。为了能够保持高水平的发挥，顶尖守门员通常具备过硬的心理素质、出色的身体条件以及健全的决策能力，并且有能力将这三者有机结合起来。具备接住强力球的能力，包括来自各个方向以及不同距离的球以及杰出的跳跃能力。在必要时，他们能够纵身一跃救下空中的球，或者勇敢地扑向快速移动的对手的脚，从而将对手突破性的球抱住。出色的敏捷性、平衡能力和身体控制能力让守门员能够对球门前方快速变化的情形做出快速反应。有力的双腿和上躯干使他们能够一跃接住进入球门口的球，而且在必要时，挡开势在必得的顽强挑战者。还必须熟练掌握用脚接球、准备和传球，因为防守者在受到巨大压力时通常会将球回传给守门员。随着回传条例的出现，队友故意将球回传给守门员时，守门员必须用脚处理球。

（三）防守的三个阶段

开始阶段、组织阶段和结束阶段是防守的三个阶段。

1. 开始阶段：站到球后

（1）近球者的阻抢

顶尖的防守者总是对其行动保持理性而严密的控制，他们不会鲁莽地加入每次抢球的机会中去，从而导致防守空缺。相反，他们会对当前情形加以分析，然后在恰当的时机果断而有力地向对手挑战球权。因为球场上的抉择最终指挥着球员的行动，所以球员的抉择能力是在1对1场合中获胜的关键能力之一。良好的抉择是强有力的个人防守的基石。

（2）其他队员迅速回位

①按照球门柱的方向回位，以球和球门的中点连线为基准线选择站位的地点，作为盯人和保护自我的防区；②双脚大致与肩齐宽，肩膀放平并面向球。

保持头部和上躯干直立，膝盖稍微弯曲。身体的重心向球的方向前倾，让后脚跟稍微离开地面。双手放在大约齐腰高的位置，手掌向前且手指分开。头部保持稳定，且目光落在球上。在预备姿势下，可以快速地向各个方向移动，从而接住或救下对手的来球。

2. 组织阶段：对进攻者施加压力

施加压力是一种心理战术。在丢掉球权的随后几秒钟内，球队最容易受到反攻。在从进攻转变为防守的瞬间，即使是最有经验的球员也会失去焦点而且顿时不知所措。要想阻止对手发起快速反攻，最接近球的防守球员必须在进攻点施加直接的压力。挑战对手时并非不假思索地试图抢球，而是有策略、有控制地施加压力，旨在拖延对手通过带球或传球突破防守。如果施压的防守者能够迫使第一进攻者将球向后传，那么防守球员就赢得了在球的后方重新组织阵型所需的时间。善于奔跑，有良好的围抢意识和相互支援保护的能力。

3. 结束阶段：不让对手射门

（1）站在基准线上

①始终保持站在防守对象、球、球门线中点这三点的连接线上，并随着对手与球的移动对自己的位置及时进行调整；②防守球员在撤退到球后方的过程中，他们向球场中央集结。这种球员在球后方向内收拢的做法是为了杜绝防守中心出现空缺。这样一来，就可以阻止对手在最容易进球的区域通过狭窄的人缝传球突破。

（2）紧逼盯人

每个运动员都应在正确选位、站位的前提下紧盯对手。①当前锋沿对角线方向跑离球时，防守球员需要紧盯，同时，如果无法渗透防守，传球需要保证球员能够继续控球；②竭尽全力限制和控制住对手的活动时间与空间；③尽量对进攻方的持球队员实行干扰，从而破坏其射门和向前传球；要阻止无球队员里切和向前插上，这样就能达到封锁住前进的通道的目的。

五、常见的进攻战术打法

（一）快速反击进攻打法

1. 快速反击的概念

快速反击是一个队在获得控球权后，快速将球传递给中、前场有利位置的队员，创造有利的射门机会。防守球员不可能跑得像球一样快，聪明的进攻球队充分地利用了这点。在球场上快速地将球从一个位置转移到另一个位置的战术通常称为转移进攻点，它能使防守球员失去平衡并创造突破防守到达球门的机会。使用尽可能少的接球快速地传球非常重要。

2. 快速反击的最佳时机

第一，抢、断对方球后，即可发动快速反击。教练可鼓励球员用脚的各个侧面触球，用多种触球方式来控球。同时，球员在控球时要保持良好的视线，避免与其他球员碰撞。不能总看着球，也要上下扫视，看自己周围的环境，这样一方面可以避免球被对手抢断，另一方面也有利于观察传球的空当。要注意通过脚施加给球的压力来控球。

第二，快速撤退到球的后方位置，该位置也称为球门侧位置。从球门侧位置，能快速撤退到球的后方位置，该位置也称为球门侧位置。从球门侧位置，能看清楚自己负责盯防的对手。此外，所处的位置还可以为队友提供盯防。当防守球员重新回到球的后方位置后，他们就可以严密盯紧球和己方球门之间的空间，让进攻球队难以突破并创造射门机会。看清楚自己负责盯防的对手。此外，运动员所处的位置还可以为队友提供盯防。当防守球员重新回到球的后方位置后，他们就可以严密盯紧球和己方球门之间的空间，让进攻球队难以突破并创造射门机会。

第三，守门员截获对方射门、传中球时发动快速反击。要学会将身体置于球和对手之间，以保护球。

3. 快速反击成功的要素

组织进攻时要有耐性。试图保持球权，直至找到向前移动并射门的机会。因为防守球队必须施加压力以赢得球权，所以它的队员可能会进入不佳的防守位置，从而在防线上形成可以利用的空缺。最好在充满竞争、类似于比赛的情形中练习团队进攻战术。比赛不一定需要完整的球队，但是人数必须足以执行各种团队进攻战术。

（二）层次进攻打法

层次进攻能使一个队获得领土利益，享受最大的行动自由和进行机智的有球配合。调整身体姿势，在对手和球之间形成间隔距离，直接朝着防守者带球。让球保持在控制范围之内。使用脚的适当部位控制球。快速带球冲向防守者。身体或脚使用欺骗性的动作。突然改变速度让防守者失去平衡。将球从防守者身边踢过。加速从防守者身边越过。以最快的速度迎向防守者，让对方处于被动；然后将球从他身边踢过并加速前进。对对手施加的压力进行反击。动作不要太花哨或者尝试使用过多的假动作。慢慢精通一些带球动作，然后用突然变化的速度和方向将这些动作贯穿起来。一直保持对球的严密控制。改变速度或方向，或者同时改变。运用身体和脚的假动作让对手失去平衡。从对手施压的地方撤离，将球传给队友。在带球时，让球位于身体的下方，而且尽量靠近脚部。在这种姿势下你可以快速改变方向，而且球通常都在你的近距离控制下。

（三）破密集防守的进攻打法

（1）拉开防区进攻

由于对手密防中路，使罚球区附近密集得"针插不进，水泼不出"，这样可拉开两边，先将球轻轻推向自己想前进的方向，用可控的速度使球移动。保持对球场的观察和保持对球的严密控制同样重要。足球运动员注意品质同其观察能力密切相连。在场上的每一个位置都强调速度。

（2）传切配合突破

进攻队员可在密集区内不停地左右交叉跑动、前后换位跑动、一直保持球靠近身体、靠近脚，永远不要让球离开自己超过一步的距离。在球队带球向对方球门前进时，要根据球的移动采取恰当的进攻移动。

六、常见的防守战术打法

（一）中前场逼压式打法

1. 压迫式打法的技巧

这种积极性很强的压迫式打法被许多优秀的俱乐部采用。要注意通过脚施加给球的压力来控球。在同队友交流时，经验丰富的球员通常使用视觉信号来配合口头命令。语言要简洁明了，且要大声清晰喊出口令，因为很可能没有时间重复说过的内容。还可以通过更加微妙的方式与队友进行交流。目光突然扫向某个方向或者轻微点头都可以表示你想要球。

在场上的每一个位置都强调速度。尽量将头抬起来，而且试图让身体下部保持较大的控制区域，在球和对手之间形成间隔。教练可鼓励球员用脚的各个侧面触球，用多种触球方式来控球。同时，球员在控球时要保持良好的视线，避免与其他球员碰撞。不能总看着球，也要上下扫视，看自己周围的环境，这样一方面可以避免球被对手抢断，另一方面也有利于观察传球的空当。

2. 压迫式打法主要技巧

身体或脚使用欺骗性的动作。突然改变速度让防守者失去平衡。将球从防守者身边踢过。加速从防守者身边越过。以最快的速度迎向防守者，让对方处于被动；然后将球从他身边踢过并加速前进。对对手施加的压力进行反击。不要尝试使用过多的假动作。慢慢精通一些带球动作，然后用突然变化的速度和方向将这些动作贯穿起来。一直保持对球的严密控制。改变速度或方向，或者同时改变。运用身体和脚的假动作让对手失去平衡。从对手施压的地方撤离。

（二）快速回收打法

这种防守打法意味着将对手置于压缩的空间内，使其难以施展速度与技巧而造成失误。拥有球权本身不一定意味着进球得分。防守球队和步步紧逼的对手仍然是一大威胁，除非找到了突破位置。通过将球转向对手的球门，运动员将获得优势。在这个位置下，可以通过带球、传球或射门来突破对手的防守。在本质上，为自己创造更多的时间和空间会使你变成更加优秀的球员。

（三）1/4 场区围逼打法

这是一种局部防守打法，近年来在我国较为盛行。这种打法，作为一个队的比赛风格，其实质可以用几个字高度、生动地概括出来，这就是在场地的局部地区施行抢、逼、围。此法要求运动员有良好的围抢意识和相互支援保护的能力，行动必须协调一致，一旦时机成熟，抢球和断球必须果断，而且要万无一失。

第七章 高校足球运动文化体系的建设与发展

高校足球作为全国校园足球开展的重要部分,是校园足球与职业足球的重要转化输送通道,其开展的好坏直接决定了体制内与体制内、外足球衔接的好坏。本章主要分为高校足球运动文化内容体系、高校足球活动的组织与开展,以及促进高校足球运动文化发展的对策三部分,主要包括高校足球运动的物质文化、精神文化、规范文化、行为文化,校园足球训练活动的组织与管理,校园足球竞赛的组织与管理,提高高校学生足球文化的认识,推进高校足球教育理念的改革,完善高校足球课程体系,开展高校内、外的足球竞赛活动,加大高校足球基础设施建设的投入等内容。

第一节 高校足球运动文化内容体系

一、高校足球运动的物质文化

校园足球文化体系中的物质文化,是促进高校足球活动得以展开的必要前提,也是支撑校园足球活动的基础。

(一)足球运动物质文化的发展历程

1. 简单化发展阶段

在这一阶段,在足球的硬件设施方面,不管是足球运动的场地,还是器材,都还比较简单；在足球观念、思想物化品方面，也是处于相对缺乏的状态。另外，相关足球组织也没有重视足球外部物质环境的建设。

2. 社会化发展阶段

在这一阶段，人们开始关注足球俱乐部和管理组织，同时，人们也开始重视足球场地建设与器材的准备。在这一阶段，人们也越来越关注在足球物质文化产品方面的研究，足球物质文化建设得到了长足的发展。

3. 全面化发展阶段

在这一阶段，我国在足球运动的场地器材方面的建设上，基本实现了与国际的全面接轨，在足球赛事相关的产品的研发方面，也逐渐走向成熟。在这一阶段，足球物质文化的发展正式走向了鼎盛繁荣，可见，足球运动物质文化的发展是有着良好前景的。

（二）足球运动物质文化的发展特征

1. 足球物质文化的发展失衡

足球物质文化发展失衡的主要表现，首先，从时间的角度出发，在不同时期与阶段，在足球物质文化发展水平方面的差异是比较明显的。其次，从空间的角度出发，由于地点与区域不同，足球物质文化的发展也是存在差异的。

2. 足球物质文化转变

这里所指的转变主要表现为：由政府管理的机制，逐渐转变为由政府与市场二者共同进行管理的机制。在转变之前，也就是在足球物质文化的发展初期，负责对物质文化进行统一规划和管理的是政府。随着人们对足球物质文化的愈发关注，足球物质文化逐渐迈向市场化，一直以来限制着物质文化发展的资金问题得到了解决。在这之后，开始了由政府和市场共同承担起物质文化建设与发展的职责，开始了各司其职且双管齐下的进程。

（三）足球运动物质文化的内涵

关于足球物质文化发展的重要性，它除了是保证足球活动顺利展开的前提条件之外，还是重要的物质基础。而足球物质文化的范畴，主要包括足球器材、足球装备，以及足球场地和足球设施等，这些内容除了是保证足球运动得以健康发展的重要保证之外，还是重要的基础。物质文化的缺乏，将直接制约着校园足球相关活动的展开，包括教学、训练以及竞赛等。校园足球文化的重要内容还包括足球师资力量，校园足球有着怎样的师资力量，不仅直接影响着校园足球开展的质量，在一定程度上还影响着校园足球运动的发展。这意味着要想更好地发展校园足球，必须要足够重视足球师资力量的提高。

二、高校足球运动的精神文化

（一）足球运动精神文化的发展特点

1. 受时代性、社会性时代特征的影响

首先，我国足球精神文化的发展，必然会受到时代性、社会性时代特征以及社会背景的影响。其次，足球精神文化的发展除了是运动文化体系的建设与发展的直接反映之外，还能在一定程度上反映出社会的期望。因此，足球精神文化发展，有着十分艰巨的任务和责任，在承载着社会的期望的同时，还承载着时代的期望。

2. 受政府强烈意志

政府当局的意志，即政府机构方面对体育运动和足球运动的态度，它对足球运动精神文化的发展有着直接影响作用。自新中国成立以来，我国政府一直没有忽视体育运动发展，这样做的主要目的是突显社会主义制度的优越性。但是，在发展足球运动的进程中，相关体育部门出现了短暂的狂热追求"小投入，大收益"的现象，导致政府没有重视与支持球类运动项目，而是重视个体运动项目和单人项目的发展，制约了我国足球精神文化的发展。

（二）足球运动精神文化的发展现状

我国是足球运动的起源地，但是现代足球传入时间却不长，这也就造成了我国现阶段足球文化相对薄弱的现象，更别说是足球运动在精神文化方面的发展了。足球精神文化是足球文化的内核，要想实现足球文化与足球事业两方面的全面发展，第一步就是要重视足球精神文化的发展，第二步是充分意识到精神文化在足球事业发展进程中具有的价值和作用。因此，非常有必要重视足球精神文化的弘扬与培育。为此，一方面，要在充分把握国际足球发展理念的社会性的同时，还要把握好在国际足球发展理念方面上的时代性；另一方面，要对政府对足球运动的意志有一个较为充分的考虑。

（三）足球运动精神文化的内涵

校园足球运动发展的重要精神动力，就是足球运动的精神文化。关于校园足球文化中的精神文化的主要表现如图 7-1 所示。

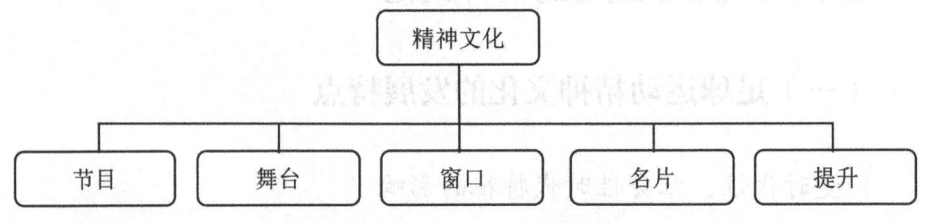

图 7-1　校园足球文化精神文化的表现

图 7-1 中的节目是指校园足球比赛；舞台是指校园足球活动；窗口是指由学校提供的足球平台；名片是指学校所在城市的影响力；提升是指以校园足球活动来使品牌具有的价值得到提升。校园足球管理者要充分重视作为校园足球文化体系重要内容的精神文化，除了要将文化体系建设重点置于足球运动精神文化的发展之上，还要重视教学与竞赛活动中精神文化的建设与发展。

精神文化重要地位体现于它是支撑校园足球运动文化健康发展的重要动力之一，精神文化的内涵在孕育的过程，在本质上体现了校园足球运动文化所具有的品牌价值。在我国，足球运动已在各级学校中都得到了普及与发展，就足球文化而言，影响着校园足球发展的因素，除了有参与者的足球意识、观念之外，还有校园足球活动环境等。因此，精神文化的发展对校园足球运动文化的发展来说，是一个极为重要的内容。

三、高校足球运动的规范文化

规范文化是校园足球运动文化得以顺利发展的重要保障。规范文化主要包括了两个组成部分：一是，规范文化的运行模式；二是，规范文化的规则体系。规范文化的运行模式和规则体系，如图 7-2 所示。

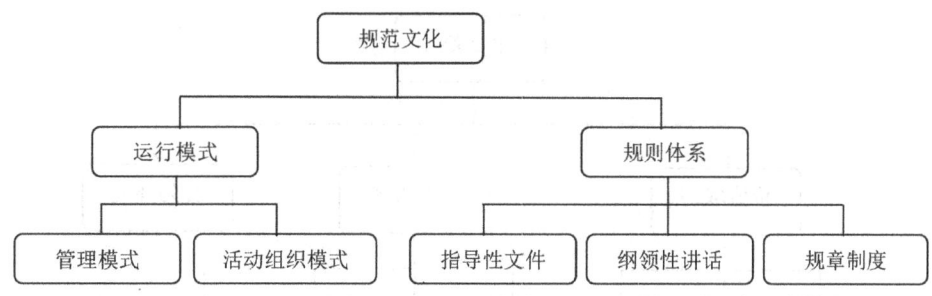

图 7-2 规范文化的运行模式和规则体系

校园足球规则制订的依据：首先，除了要综合考虑教育部高教司发布的相关指导文件之外，也要将国家体育总局下发的相关文件内容考虑进去。其次，要结合高校的具体实际。所需制订的足球规则内容有足球条例、规章制度等。除此之外，校园足球运动的模式主要有两种，一种是高校足球活动的组织模式，另一种是高校足球活动的管理模式。

学术界对学校足球管理模式的研究，随着校园足球运动的发展，其研究重点是将体育与教育整合为一体，采用体教结合的方式，探索出一条促进我国校园足球运动高效发展的管理模式。我国校园足球运动文化体系的主要内容有运动训练、比赛以及培训和相关竞赛活动等，并且随着校园足球文化体系的不断发展，其中必然会不断加入许多新的元素，这些新的元素也会逐渐成为校园足球规范文化范畴内的重要内容。

就我国校园足球运动的发展而言，有着重要意义的举措主要有以校园足球运动文化体系为中心，进行合理且科学的规划，以及以校园足球运动文化为中心，构建起可更好促进校园足球文化发展的模式，包括管理模式和执行模式。

四、高校足球运动的行为文化

在校园足球文化形成与发展的进程中，学生不仅是这一过程的重要动力还扮演着参与者的角色。行为文化的概念是构成校园足球文化体系这一座大厦的基本因子。行为文化主要包括的内容，一是学生的足球价值取向，二是学生的足球行为方式，三是学生的足球行为环境，如图 7-3 所示。

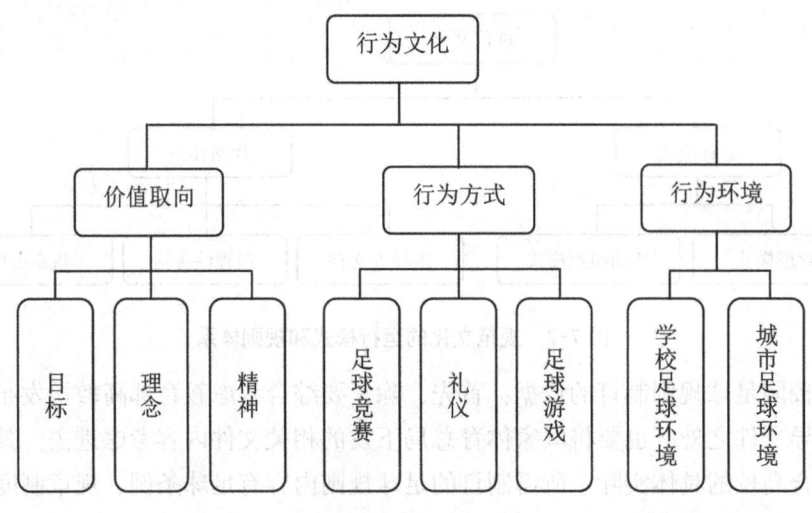

图 7-3 校园足球文化学生的行为文化

行为文化作为校园足球文化的一个重要核心要素。就行为文化与学生的联系来说，它们之间的关系是非常密切的。校园足球的价值观念的主要内容，首先，是学生对校园足球的理性认识；其次，是学生对校园足球形成的意识形体；最后，是学生在足球相关活动中展现出来的精神面貌。

行为方式是指在一定价值观念的指引和影响下，学生在足球活动或比赛中的作风。行为环境的概念则是指由校园内和高校所在城市两个方面所共同创造出来的足球氛围。这里所指的足球氛围除了包括与足球相关的发展历史之外，还包括了足球发展的外在环境，即自然环境、足球底蕴以及社会环境等。行为文化的建设的重点是指对学生的价值观念进行培养，这里所指的价值观念包括精神面貌、校园足球，以及基本理念和目标。

足球行为的整体意识形态一般会直接受到学生价值观念的影响，而足球目标的概念则是指支撑学生参与相关足球运动的动机。但是，由于学生是独立的人，这决定了学生间个体差异的存在，即不同的学生除了有着不同的世界观和价值观之外，还有着不同的足球目标。校园足球运动的教学实际中，涉及的足球目标有扩大交际、职业需求以及健身娱乐等。从时间维度的角度出发，足球目标可分为两类，分别是暂时性目标和坚定目标。校园足球文化的可持续发展有赖于一个长期稳定的足球目标的制订。高校领域内足球文化的建设与发展，要求相关足球运动参与者要切实遵守为足球运动活动而制订的各种规章制度。除此之外，还要在保护学生个体差异的基础上，充分重视学生的个体差异的发展。而关于行为文化的影响作用主要体现在两个方面,即对学生的足球行为方式和价值取向都有着非常重要的影响作用。

第二节 高校足球活动的组织与开展

一、校园足球训练活动的组织与管理

(一)校园足球训练活动的组织

校园足球的教练员,即高校足球教师,要依据学生的身心特点来有针对性地制订训练计划,同时,还要客观评价对学生的竞技水平,以便寻找出更加适合学生的训练手段与方法。总的来说,合理的足球训练组织方法,对于足球运动训练活动来说,有着非常重要的作用。

1. 训练起点

在这一阶段教练员,首先,要对训练中的多方面的因素进行一个充分的考虑,如足球运动员的竞技能力、学校足球目标等;其次,要结合运动员的身体、心理特点及情况,来合理地对足球训练计划进行制订和调整。另外,为了保障学生能有一个充足的训练时间,非常有必要为教练员创造良好工作环境。

运动员训练的起始状态,是指运动员所处的训练阶段,从运动员年龄的角度出发,是否符合该年龄段应达到的竞技水平。起始状态对于学生在他们所在年龄段来说,直接影响着他们是否完成相对应的训练目标。教练员在校园足球训练的开始阶段,要想保证足球训练活动能够顺利进行,首先就要做好充分的准备,即充分考虑训练的起始条件。

2. 确定训练目标

运动员在足球训练中,需要达到包括战术、体能、心理等因素在内的竞技水平,这就是所谓的校园足球训练的目标。教练员在展开具体的教学训练课程中,除了要将本次训练的目标描述清楚之外,还要将训练目标、内容等具体内容对运动员解释清楚。教练员在进行以运动员为中心的训练时,通过对训练内容的讲解,可以指明学生训练的方向。在具体的训练课程中,教练员可以通过

特殊的措施和手段来完成教学目标。例如，首先，教练员可以选取几名在足球竞技技术和水平方面相对优秀的运动员来进行辅助教学，这样做除了可以提高运动员的运动水平之外，还有助于一个良好训练氛围的营造；其次，在具体足球技战术训练课程中，最大限度地对运动员能够完成的技术难度进行压缩，也就是对优秀运动员的训练目标进行缩小或者延长处理。例如，规定优秀运动员在踢球时让他们不能使用优势脚，或者对他们接触球的次数进行限制等。此外，可以安排优秀运动员与更为强壮的队员进行对抗，也可以通过小组的方式展开对抗赛，选取3名优秀运动员，来与5～6名竞技水平较差的运动员通过不平等的规则来进行对抗比赛，如限制优秀运动员必须要二次触球之后才能得分，却不对低竞技水平的运动员进行限制。这种比赛形式对于优秀运动员来说，是充满创造性和挑战性的。并且在这一形式的比赛过程中，不仅要最大限度地保持运动员的竞争动力，还要能够保证优秀运动员的发展。

3. 确定校园足球计划的原则

①教育第一原则，讲求公平、公正，培养行为规范，启蒙职业教育。足球作为世界第一运动有着其他项目不可比拟的教育功能，如使学生在获得进步或胜利时建立自信心，培养责任心、事业心，进而启蒙职业教育，树立职业意识。

②身心健康原则。必须根据其生理特点，科学地安排训练才能促进他们身体的健康发展，提高运动水平。教练员在训练过程中通过鼓励，引导学生克服困难，建立自信，逐步解决问题，提高能力及运动水平。让学生们明白个人的提高比球队整体的获胜更重要。

③崇尚技术原则。足球运动是一项强调身体、技术、配合的集体性项目。教练员应根据学生自身的身体条件，结合位置要求，注重发现和培养个人的运动技能特长，并使之特点更加鲜明，特长最大化，培养出球队的明星队员。

④足球规律原则。现代足球比赛发展至今，讲求攻守平衡的同时，也讲求本方阵形需要根据场上情况不断调整变化，高水平的比赛中呈现出速度、压迫、控制、效率等特征，教练员应与时俱进，把握时代脉搏，设计出符合比赛特征的训练情境，以赛代练，在实战中练习身体对抗中的技战术，制订学生足球训练计划的基本要求。

4. 训练过程控制的注意事项

教练员要掌握好训练过程的控制必须注意下列几点事项。

①分析情况。在制订训练计划之前要对每一名队员、每个位置的情况进行

分析、研究，对相邻位置队员的特点与协调配合进行仔细的分析，特别是根据比赛的性质、比赛的对手，对本队的整体与各位置的队员进行分析。一般从队员的比赛经历、竞技能力、训练效应等方面进行分析，特别是对队员的身体形态、机能，以及身体素质等方面进行综合分析、科学评价，提出全队奋斗的目标和任务。

②设计训练的过程。为了完成训练计划中规定的任务，必须设计合理的训练过程，如训练内容、方法、手段选择，运动负荷的安排，技术动作组数、次数，跑动的距离、强度、密度、间隔等，以便为实施奠定基础。

5.选择合理的训练方法

关于校园足球运动技能的训练，总的来说是一个循序渐进的过程。训练过程的每一阶段，在训练难度上，都要有所提高，只有这样才能深入浅出地让校园足球运动员掌握各种技能。例如，具有两年足球训练经历的运动员相较于刚刚参加足球训练的队员来说，在训练起始状态水平方面是存在差异的，在这种状况下，教练员要结合实际情况来适当地调整训练目标，以此来使具有一定训练基础的队员，能够朝着更高的技术水平阶段发展。

教练员要重视科学监控训练。在实施训练过程的控制中，必须做好各项指标的统计，可利用科技人员、见习队员或其他队员对指标进行统计。同时，要运用先进的仪器设备，如采用遥测心率仪来测定训练中运动员的心率，运用运动生理学、生物化学的科学手段和方法进行血乳酸、尿蛋白等新陈代谢产物的测定等。在战术组合练习时也可通过录像进行积累资料。

教练员要在训练过后，除了要积极收集各种信息之外，还要对来自科技人员提供的各种数据进行收集，对这些数据进行分子研究与总结，并对训练成果进行检查，看其是否达到了训练目标，同时，还要充分了解训练的实际与计划的设想二者是否是相符合的，以此来总结出新的举措，以便更好地展开下一次或者是下一阶段的训练，最后，在一段时间的训练之后，要对训练结果进行检测和检查。

6.选择搭档与比赛分组

在具体足球运动训练中，运动员在选择训练搭档时，受到的影响因素除了有训练目的、技能水平之外，还有发展潜力。在特殊训练日，有的教练员更喜欢分配合作伙伴，这样做可以避免学生在选择训练合作伙伴时，过于依靠喜好。一般来说，在小组训练课程中，组队的队员之间有着较好的感情基础，这样是有助于最佳训练效果的达成的，但是，若在日常训练中，教练员则必须拆散分组中的矛盾搭配人员，并重新进行组合，只有这样才能在训练过程中避免产生不良影响。

在挑选搭档和分组的过程中，要求教练员要善于观察队员，要注意提高队员随机应变的能力。在经过选择和搭配初步形成一个队伍之后，教练员要选拔出一个队长，帮助队长在队里树立威信，队长需要对全队负责，并且在日常训练及竞赛中具有组成、协调等责任。教练员可以尝试着让每一位学生轮流做一回队长，并依据队员的平时表现来做最终确定。因此，教练员在训练过程中，应着重关注核心队员的具体发挥状况。

7.评估训练效果

教练员具有对整个足球训练进行评估的职责，而训练的评估指标首先是队员对足球技术的具体掌握情况，其次是看训练是否达到了训练的预期目标。最后是看运动员的训练兴趣和积极性实际情况是怎样的。教练员要依据制订的各个训练的目标，来对具体的训练效果进行考核和评估，并在这一过程中，找出其中存在的不足之处，总结其中的经验和教训。教练员要想对训练的得失进行一个相对客观的评价与分析，有赖于一个围绕着训练而制订的详细计划，以及每次训练的一个详细记录。运动员在训练中所掌握的足球技术，并不是一蹴而就的，而是经过了长期的磨炼和积累而形成的，只通过一次训练，并不能使学生的足球技术得到明显的改善。教练员在具体训练课程中，要想提高运动员的训练效果，有必要对训练内容和负荷等进行有效评估。

（二）校园足球训练活动的管理

1.足球运动训练管理原理

（1）人本原理

不管是在怎样的足球运动训练管理系统中，活动的主体始终是人，只有在充分调动人的积极能动性的前提下，才能使活动的顺利展开得到保障。由实践可知，不管是想要实现理想的组织管理效益，还是想要取得足球训练活动管理效果，均有赖于人的积极性和能动性的充分发挥。因此，要使得人本管理的目标能够得以实现，相关足球训练管理人员要为运动员创造出一个有助于运动员竞技水平能力发展的环境。

（2）系统原理

这一原理是指在某一个系统中，系统中存在的诸多要素在经过合理的排列组合后而形成的新的有机整体，会产生一种放大功能，简单来讲就是产生"1+1＞2"的效果。若是系统具有的规模越大，拥有的结构越复杂，也就说明其所具有的放大功能可能就越大，这种规律的形成是建立在系统原理得到了合理运用的基础之上的。就校园足球训练的具体组织管理而言，对系统原理有一个较好的利用与管理有着非常重要的意义。

（3）动态原理

这一原理是指在管理活动中，除了要把握不同管理对象的具体变化情况之外，还要对管理活动的各个环节进行调节，以期能够实现整体目标的达成。校园足球训练活动中包括了人、财、物，以及信息和时间在内的管理对象，并不是一成不变的，而是不断变化与发展着的。这意味着管理对象直接影响着组织活动的每一个环节，而要想实现管理目标，则必须动态地适应各管理对象。在校园足球训练管理中，要想实现动态原理的合理利用，需要注意两个方面的内容。首先，是对整个管理过程，通过反馈来进行有效抑制；其次，是在具体训练活动的管理过程中，要重视保持一定的弹性。只有保持一定的弹性，训练活动才能不断适应客观条件，这也就是所谓的弹性原则的运用。足球训练会由于各种影响因素而有着一定的不稳定性，因此在活动管理中需要遵循动态原理。

（4）效益原理

这一原理是指不管是管理活动中的任何环境，还是其中的任何工作，都要以提高社会经济效益为中心。通过对各种资源进行科学且合理的运用，来最大限度地实现社会经济效益的获取。在管理活动的整个过程之中，都要将以社会经济效益为中心的原则贯穿于其中。管理的根本目的和追求就是效益，在追求效益的过程中注意：其一，重视效益管理的合理利用，同时，还要重视管理的过程中，采用操作性强的手段和操作性强的方法；其二，要重视局部效益与全局效益二者一致性的追求；其三，要对主体管理思想投以高度重视；其四，确定管理活动的效益观，简单来讲就是要以提高效益为核心。

（5）责任原理

这一原理是指为了实现组织目标，以及人的潜能的挖掘，相关人员要在合理分工的基础上，对相关参加人员的工作责任和义务进行一个较为明确的分工和规定。责任原理在具体实践过程中，要求相关管理者注意的内容如下。

第一，要做到对每个部门、个人的具体职责进行明确。职责的基础是分工，职责划分的明确有赖于分工的明确。

第二，职位设计和权限委授要注重合理性。权限、利益、能力等因素是个体的完全负责的重要前提，训练活动各个部门和个人，要想完成自己的职责，必须要具有一定的权利。

第三，要做到奖罚要分明。关于奖罚必须要做到公开、公正、及时，若是不能做到这一点，也就代表着奖罚不再具有作用和意义。

第四，要在展开规范管理的过程中，建立起一套完善的责任制。在校园足球训练进程中，责任管理制度主要包括完善的岗位责任制、考绩制。

（6）竞争原理

有大量的数据可以证明，竞争除了可以激发出人的进取精神之外，还能激发人的工作热情和潜能。竞争有助于人们克服各种挫折，增强团体间的凝聚力。因此，十分有必要在足球训练活动中充分利用好竞争原理。竞争原理的实际运用，有赖于一个公平、公正且具有意义的竞争环境。竞争原理的具体运用要注意，首先，不管是竞争的标准，还是竞争的条件都要保持一致；其次，不管是评价还是制裁都要建立在公平、公正的基础之上；最后，竞争原理的运用要避免投机取巧现象的发生。

2. 运动训练负荷的科学控制

运动训练负荷的概念一方面是指身体所承受的刺激或压力，另一方面是指身体所承受的由训练活动而产生的生理、心理负荷。不管是怎样的训练活动，都必须通过加之于被训练者的负荷而产生训练效应，使运动员的生理和心理状况发生变化，实现训练目标。因此，没有负荷就不称其为训练。教练员在校园足球训练活动中的工作之一，就是围绕着特定的训练目标对运动员能够和应该承受的负荷，以及怎样去承受这一负荷的内容进行研究和确定。教练员的训练计划：一方面，要最大限度地对训练负荷的量度详细地做出一个规定；另一方面，要描绘和设计关于负荷的动态变化，同时，对整个训练过程的各个环节，进行一个科学的控制。教练员要做到以下内容。

（1）针对动态变化情况及时变更训练计划

所谓训练计划，就是教练员为即将开展的训练过程预先提出的设计方案。由于训练过程的发展是诸多因素相互作用的复杂反应，所以预定的训练计划与千变万化的训练实际总会产生差距，不可能完全符合运动训练的实际情况。这时需要及时变更训练计划。针对训练过程中的身体和心理状态、社会环境的干扰与意外的影响等各种动态变化的因素，教练员应随时修正运动量，以取得理想的训练效果。

（2）合理安排运动量

运动员在不同的训练时期、阶段，产生的运动效果是不同的。影响运动员训练效果的因素有运动员在运动负荷的承受能力方面的大小、快慢，以及量的强度等。此外，即使运动员们同属于比赛期，但是由于比赛日程不同，在训练运动量的安排上也是存在差异的。运动员的身体对运动负荷的适应，是长期积累下的成果，因此，要合理安排机体的任务和对象具体训练内容，并通过逐步加大训练负荷的方法，来使运动员的机体逐步适应和接受。在运动量的安排原则上，为使球队的训练水平逐步提高，下一周期的训练量应大于上一周期。

（3）掌握好负荷与恢复的关系

要使每次训练都能在机体得到休息和恢复的基础上进行，就要科学安排训练课的间隔时间，并根据超量恢复的原理来掌握。负荷积累一定不能达到过度疲劳的程度，要在运动员所能承受的范围内。负荷后间隔时间要足以保证机体达到超量恢复。课与课之间都要有间隔，课负荷的大小和间隔时间的长短成正比关系，运动员接受负荷的能力以及恢复的机能水平，也和间隔时间成正比关系。负荷的性质不同，所需的恢复时间也不同，如有氧训练或无氧训练、力量训练与耐力训练等，恢复时间也不相同。

3. 运动训练管理的方法

校园足球训练的有效进行有赖于一个科学的管理模式，而所谓的科学管理模式，即：在行政方法和法律方法方面，要做到有力且规范化；在经济方法方面，要做起灵活且合理。当然，运动训练的管理方法还有赖于思想教育方法的支持。

（1）行政方法

这一管理方法是指以运动训练管理机构和领导者具有的权利为依靠，通过行政手段，并且按照行政系统规范运行的一种管理活动方法。行政方法主要通过行政手段来调节和控制各子系统，这里的行政手段主要有命令、指示、规定，以及职责条例等。而行政方法的运行模式，是由上级发布命令，而下级要服从上级，总的来说，上下级之间有着非常清晰的关系。除此之外，行政方法的运用，要建立在本部门具体实际的基础上，同时，要符合本部门管理活动具有的规律。作为行政方法中的上级领导者，要想实现管理目标，有赖于领导者具有的责有权和良好的领导素质。行政方法在校园足球训练活动的具体运用中，主要有如下特点。

第一，权威性。这一特点是行政方法得以有效运用的基本条件。具体来讲：一是，针对各级运动训练的管理机构进行完善与健全；二是，围绕着各级管理组织和管理者二者具有的权威性，不断进行提高；三是，不断对职、资、权利的有机统一进行强化。

第二，纵向性。这一特点简单来讲是指行政方法的运行模式，强调的不是横向传达命令，而是纵向的自上而下。在校园足球运动实践中要重视协调各个环节，并以此来获得行政方法的应用效果。

第三，针对性。行政方法只能对某一特定时间和对象有用。也就是，在进行校园足球训练管理活动时，在运用行政方法的过程中：一方面，不能将它看成是唯一的方法；另一方面，不能不顾对象、目的，以及时间，来进行滥用。

第四，强制性。这一特点简单来讲是指非执行不可的意思，它对训练活动参与人员提出了要求，即不仅要执行运动训练的相关管理制度，还要执行运动训练管理的相关要求。

（2）经济方法

这一方法是指按照客观经济规律的要求，针对不同经济主体之间存在的利益关系以经济手段来进行调节，从而使管理目标的方法得以实现。经济手法包含的内容主要有工资、奖金等。现实中的校园足球训练，以经济手段来对活动管理进行调控，这样做有助于相关训练活动的有序进行。在运用经济方法时，可以起到的作用如下。

首先，强化管理职能。这一内容是指对上级训练管理机构的指挥和控制职能进行了强化，其中，上级机构的指挥和控制职能面向的是下级机构以及被管理者，能够明显提高他们对来自上级部门的相关指令和管理决策的接受率。

其次，客观地检查评价管理效果。通过经济方法的运用，对下级训练部门和被管理者来说，有着明显的激励效能。

最后，适当分权。这一内容主要是指经济方法所具有的经济制约作用，能够给基层单位以经费包干管理为代表的经济自主权创造条件。这一方法，首先，有助于对运动员的费用消耗进行分析与比较；其次，有助于分析和比较运动员其他各种训练费用消耗的具体情况；再次，促进下级训练部门的自主权的充分发挥；最后，充分展现管理的灵活性，充分发挥出管理的逆向作用。

（3）宣传教育方法

首先，宣传教育方法是指通过宣传和教育等方式，以人们的共同目标为中心而采取行动的方法。其次，宣传教育方法的客观依据，展开来讲是人们对思想活动的发展规律所具有的正确认识。实际校园足球运动训练管理系统中，以灌输、疏导和对比为代表的教育工作方法，是其中各个环节都离不开的内容。宣传教育方法相较于足球其他运动管理方法，具有的特点如下。

第一，先行性。这一特点是指校园足球训练通过宣传教育方法，可以真正实现教育在先、训练在后。关于宣传教育方法的先行性主要体现在以下几个方面。其一，有助于教育管理者对宣传教育方法的了解，并且有助于管理者思考自己如何配合行动；其二，在针对校园足球训练活动中存在的问题进行具体决策时，通过宣传和教育，有助于人们对相关决策可能会引起的反应进行预测，并且为预测出的可能出现的问题，进行有针对性的预防，从而针对管理活动的积极影响进行强化，对消极影响进行抑制。

第二，疏导性。宣传教育法具有疏导性特点，由于这一方法在展开时要做到动之以情、晓之以理，管理者在针对已发生的问题进行解决时，只有因势利导，而不是一味采用回避的方式，最终才能解决思想问题和充分启发人们的自觉性，并实现教育的实效。

第三，滞后性。滞后性特点在思想教育中的表现是较为突出的，这一特点认为对足球运动训练中已发生的问题，管理者要在遵循实事求是原则的基础上，对问题进行一个科学、正确的分析。管理者要以理服人，只有这样才能实现思想政治教育的落实，并激发出管理员的围绕着管理和运动员而展开管理的一种动机。

第四，灵活性。就人的思想而言，会受到很多复杂且多变的因素的影响，因此，也存在着很多种思想引导方法，而决定引导方法的判断因素有管理对象处的时期、具有的特点，以及思想基础和性格类型。足球训练的管理对象有着不同的价值观念和需求内容，因此，在展开宣传教育工作时，宣传教育的内容和重点，要依据不同的时期、管理对象具有的特点来进行有针对性的选择。此外，宣传教育方法除以上几种特点之外，表率性、真理性也是其所具有的特点。只有建立在正确运用思想教育方法的基础之上，才能使活动管理的整个过程中可能会出现的各种问题，得到有效的解决。而管理者要在整个足球训练管理活动中，充分融入思想教育法，以此来保证相关训练过程能够顺利展开。

4.运动训练管理评估

（1）评估程序

足球训练活动的管理程序主要有以下三个阶段，管理者要予以充分重视。

第一阶段——组织准备阶段。这一阶段的任务，主要有八个方面。第一，对组织检查与评估部门进行明确；第二，制订检查与评估指标体系；第三，对被检查与评估范围进行明确；第四，组织通选检查及评估成员；第五，选择检查与评估的方法；第六，准备检查与评价道具；第七，安排检查与评估进度；第八，确定检查与评估的目的。总而言之，组织准备阶段就是在展开检查与评估前所需要做的思想、资料等准备工作。

这些工作准备的目的：一是，端正检查与评估的思想观念；二是，端正检查与评估的态度；三是，对检查和评估指标体系的相关要求进行明确；四是，围绕着检查和评估工作的开展，提供全面、客观的备查材料；五是，对各类实际材料进行检查和评估准备。

第二阶段——检查实施阶段。这一阶段的任务主要包括三个方面。首先，对检查与评估的准确信息进行全面搜集；其次，做出检查与评价结论；最后，对搜集的信息进行处理检查与评价。这一阶段除了是整个评估工作的中心环节之外，还是检查的中心环节，直接影响着评估的成败。

第三阶段——总结阶段。这一阶段的任务主要包括六个方面的内容。第一，客观分析运动训练的检查与评估结果；第二，找出训练活动中的问题；第三，充分肯定和鼓励相关训练活动所取得的成绩；第四，指导高校评估工作的进行，并制定出相关调整决定；第五，在检查和评估结果的过程中，应将定性语言描述和定量分析二者相结合；第六，为相关部门提供检查与评估报告；第七，对被检查与评价对象展开以反馈检查与评估结果为代表的分析。

（2）评估要求

首先，评估前应做好充分准备。其次，提高检查和评估的可信度，即提高检查和评估的科学性。再次，建立起一个健全的检查和评估制度。最后，对检查和评估的信息反馈予以充分重视。

二、校园足球竞赛的组织与管理

在校园足球范畴中，就足球竞赛活动的开展来说，不管是组织工作，还是管理工作，说起来相当复杂。组织赛事的管理者：一方面，要对足球竞赛的基本知识有一个清楚的了解；另一方面，还要充分把握赛事的客观实际，并据此来以活动为中心，而完成科学且合理的竞赛方案的制订。足球竞赛的举办意义：首先，有助于激发大众对参与体育锻炼的热情；其次，除了可以促进足球运动的发展之外，还有助于体育运动的长远发展；最后，就人们的身体素质而言，足球赛事的举办，极大地丰富了人们的精神文化生活。

（一）确定竞赛组织方案

要在足球竞赛正式开始之前，对竞赛组织方案中的主要内容进行确定。这里所指的组织方案主要包括三个方面的内容：一是针对具体工作计划进行拟定；二是组建组织机构；三是制订运动会规程。运动会筹备委员会是对这里所述活动内容负责的主要机构。决定足球竞赛活动顺利展开的关键，是总体设计构思以及一个相对详尽的具体组织方案。组委会在对组织方案进行讨论和确定的过程中，要依据竞赛活动的性质。下面来叙述开展校园足球竞赛活动的具体内容。

第一，竞赛活动的组织机构。这一内容应包括竞赛的组织形式、组织委员会下设的主要足球竞赛工作部门、工作人员的名额、相关部门的负责人名单等。

第二，竞赛活动的大体规模。这一内容应包括足球竞赛的具体参加单位和运动员人数等。

第三，竞赛活动的具体内容。这一内容应包括主办单位、承办单位，以及竞赛地址和日期等。

第四，竞赛活动的经费预算。这一内容主要包括的是各个项目的经费预算，例如奖品、食宿，以及奖金等。

第五，竞赛活动的组织方案。这一内容应涵盖竞赛活动的名称、目的、比赛形式，以及具体比赛规则等。

（二）确立竞赛组织机构

1. 组织委员会

这一机构的主要工作：一是针对足球竞赛活动的具体方针进行确定；二是研究和确定竞赛活动规程；三是听取筹备工作汇报；四是确定竞赛活动计划；五是在赛后对赛事整个过程中出现的相关问题进行总结和处理。总的来说，就是领导校园足球竞赛中包括筹备、进行，以及总结工作在内的一系列活动。

2. 办公室

这一机构的主要职责是针对足球竞赛各部门的工作人员进行组织和配备，以及对各项足球赛事的工作计划进行拟定。在足球竞赛活动中，办公室的工作具体包括组织委员会会议、场地器材准备，以及动员工作和竞赛总结等赛事相关事宜。

3. 宣传处

这一机构主要负责宣传与推广赛事活动、准备学习材料、展开赛事讨论、组织通信报道与编辑会刊等。

4. 竞赛处

这一机构主要负责筹备裁判工作。具体工作内容包括：在基本的足球裁判法基础上，结合本校实际来制订出关于足球竞赛活动的一套裁判方案和计划、编印秩序册、组织报名、准备足球比赛场地、准备足球比赛、准备各种器材；等等。

5. 总务处

这一机构主要负责对足球竞赛经费预算文件进行编造。具体工作内容包括：其一，对足球竞赛开展的物质，做好充足的准备；其二，针对参赛人员的生活管理工作进行加强；其三，针对足球竞赛过程中，相关参赛人员存在的各种生活问题及时进行解决。

（三）制订竞赛规程

关于竞赛规程，首先，不仅是校园足球竞赛活动的竞赛组织者的基本文件，同时，还是参加者的基本文件；其次，竞赛规程是展开相关竞赛工作的依据；最后，在竞赛前，完成竞赛规程制订工作的是主办单位。要注意的是，应在赛前将竞赛规程发给有关单位，以便相关竞赛工作的展开。关于竞赛规程的内容主要包括竞赛的目的、任务、主办单位，以及竞赛办法、裁判员等相关事宜。

（四）竞赛期间工作内容

1. 比赛活动管理

这一工作是指竞赛组织人员在开展足球竞赛活动时，要到足球赛场的第一线之中，以比赛活动为中心，展开一个全面且细致的管理。

2. 竞赛人员管理

（1）裁判员的管理

这一内容是指在足球竞赛开始之前，竞赛组织委员会要举办以组织裁判员为中心的足球竞赛裁判方法学习活动。组织委员会在进行裁判员的工作分工时要注重合理性，对裁判员的工作提出明确的要求，即公正、公平，以及准确。在足球竞赛活动结束后，作为组织竞赛机构的组织委员会，要围绕着裁判员的总结工作进行具体的指导工作。

（2）对参赛运动队或运动员的管理

这一管理内容是指在足球竞赛开始之前，开展竞赛工作的竞赛组织委员会要提前拟定以运动员为中心的管理教育计划。具体内容主要包括三个方面的内容：其一，对运动员提出统一要求；其二，对运动员提出统一的具体规定；其三，针对各队之间出现的问题，采用分级管理办法来进行及时的处理。

（3）对观众的管理

观众是足球竞赛活动的重要参与者，若是对这一群体的管理不当，那么将导致比赛无法顺利进行，因此，作为赛事管理者的组委会，要加强对观众的组织管理，尽最大努力为赛事观众创造良好的观赛氛围。

3. 竞赛的后勤管理

为保证足球竞赛活动的顺利进行，作为赛事的后勤管理人员，必须要具备一定的后勤管理的能力。关于足球竞赛的后勤管理的具体工作内容包括对足球竞赛场地进行认真的检查、足球竞赛的伤病防治，以及落实参赛人员的安全等工作。

（五）竞赛结束管理

在足球竞赛结束之后，赛事相关部门的工作并没有结束，具体还有五个方面的工作内容：其一，对本次比赛的经验和教训进行总结；其二，做大会总结报告；其三，颁发奖品；其四，组织委员会要及时向上级汇报工作情况；其五，组织和举行闭幕式。

第三节　促进高校足球运动文化发展的对策

一、宏观视角下高校足球运动文化的发展对策

（一）加强校园足球物质文化的基础建设

1. 加强场地设施的建设与维护

首先，从足球场地数量的角度出发，现有的校园足球场地尚不能满足学校日常足球教学的需求，更别提是满足学校日常足球训练的需求了。此外，就学生的一些与足球相关的群体活动，也由于受到场地的限制而无法顺利展开。其次，从足球场地设施维护的角度出发，许多学校还在足球场地的日常维护方面，存在着较大缺陷，导致校园足球场地随着时间的推移而变得破败不堪，甚至是因年久失修而废弃，这样一来，也就导致足球教学、足球活动的开展，以及足球场地缺乏这两个方面的矛盾演化得愈发激烈。因此，学校要不断加大加强足球场地设施建设方面的力度，在重视修建新场地的同时，重视维护已有场地，通过维护来延长和提升校园足球场地及其相关设施的寿命和使用效率。

2. 加强师资力量的建设

足球运动相对发达的国家，在校园足球运动方面之所以能够保持先进，其原因在于，一方面发达国家的校园足球具有长期贯彻的足球运动发展方案，另一方面这些国家对足球师资队伍的建设工作予以充分的重视。因此，我国为实现校园足球运动的良好开展，首先就要培养出一支优秀的足球教师与教练员队伍。

足球教师或者说教练员，可以说是校园足球第一线工作者，不仅对于校园足球活动来说有着极为重要的推进作用，还对校园足球运动的发展起举足轻重的作用。要想实现校园足球的长远发展，最为关键之处就在于师资。就我国校园足球运动的现状来说，在师资力量方面也较为薄弱，这是难以支撑校园足球运动的展开的。相关研究证明，要想使校园足球运动师资力量的工作得到优化，要做的工作就是提高师资数量和师资质量。为实现这一目标，首先要做的就是扩充校园足球师资数量，其次就是优化校园足球师资质量。

（二）构建校园足球规范文化的保障建设

规范制度文化的健全，是我国校园足球在文化建设方面的首要保障，因此，要不断对规范层面上的校园足球文化建设进行加强。加强校园足球规范文化的建设对我国足球事业的发展、学生的全面发展，以及校园足球文化的持续发展来说，有着积极的影响作用。

1. 建立校园足球管理体制

在建立校园足球管理体制的过程中，人们要不断解放思想：一方面，不断摆脱来自传统体育观念与体制两个方面的束缚；另一方面，改革现阶段的校园足球组织体系，并在改革的过程中充分突显出教育行政部门所具有的管理主体地位，结合现阶段足球发展实际，建立起一个相符合的组织管理体系。总的来说，就是将校园足球组织管理系统内部各方面存在的关系协调妥善，在充分发挥出管理系统的控制作用的同时，使它的整合作用得到充分的发挥，以此来使整个体制能够正常运转起来。

2. 建立校园足球"特区"

时至今日，我国竞技体育已经得到了长足的发展，但是，在足球运动的发展方面，取得良好的成绩与突破之间存在着极大的落差，就现阶段的足球发展现状而言，其与国家综合国力之间是相不符的。制约着足球运动的重要因素是缺乏足球后备人才。目前，国家体育总局在解决这一制约问题时，已采取了一些特殊的政策。全国各省、区、市等行政区域，在政府的大力号召下，对足球人才培养愈发重视起来，开始组建校园足球队，建立校园足球"特区"。

（三）健全校园足球精神文化的指引建设

首先，精神文化在校园足球文化体系建设中，有着重要的指导作用。其次，精神文化是承载着学生对校园足球活动期望的重要途径，并且校园足球精神文化还充分反映了学校及学校所在城市，在校园足球发展目标方面上的一种终极追求。再次，精神文化是校园足球文化不断得以持续健康发展的内在动力。最后，关于校园足球文化具有品牌价值的本质，主要体现在校园足球文化系统内所包含的精神文化内涵之中。作为一项有着悠久历史的足球运动，在我国各大城市和各级学校都得到了广泛的开展，影响着校园足球文化建设的因素，除了有校园足球参与主体所具有的意识观念，还有开展足球活动的社会环境。因此，有必要通过以足球知识讲座为代表的各种形式的活动，来充分强化与发挥精神文化所具有的指引作用，并以此来对校园足球文化体系进行一个相对科学的建设。

（四）强化校园足球行为文化核心建设

在我国，非常有必要重视强化对校园足球文化的建设，在这一过程中，要将"以人为本"作为基础，充分重视在校园足球文化建设过程中，人文教育所具有的重要作用。

学生作为校园足球文化活动的参与主体，一方面，是校园足球活动开展的出发点；另一方面，是足球活动开展的最终归宿。在建设校园足球文化的整个过程中，要将学生、教育、社会的原则，贯穿于足球文化活动的始终。要想实现校园足球文化更好地发展：首先，要重视足球文化建设新模式的开发；其次，要重视人文教育和项目教育两个方面内容的相结合，并据此来发出一种建设模式。

二、微观视角下高校足球运动文化的发展对策

（一）提高高校学生足球文化的认识

在建设与发展校园足球运动文化的过程中，为推动校园足球的健康发展，相关部门和领导，要在我国校园足球的政策法规的基础上，结合学校的具体实际，有针对性地制定出切实可行的对策。为使我国校园足球运动文化能够得到更好的建设与发展，从学校相关部门及领导的角度出发，校园足球运动的发展有赖于学校相关部门及领导的支持，因此，学校相关部门及领导，对足球运动文化的认识程度要不断进行提高。从校园足球管理者、教师的角度出发，要使自己的认识水平得到提高，并且对足球文化的内涵和真谛进行明确，在教学的过程中，通过足球运动文化在不断培养和提高学生具有的意志品质的同时，还不断丰富着学生的课外生活，为学生创造一个优良的足球文化氛围，不断激发学生学习足球的积极性，同时，不断发展与提高学生的自主学习能力。通过校园足球文化，来创造出奋发、充满激情与活力的氛围，这些内容是运动文化建设与发展的真正意义。因此，对于学校相关部门及领导来说，要对校园足球文化的建设予以充分的重视，并将其作为一个重点工作，尽最大努力创造出一个优良的足球文化氛围。

（二）推进高校足球教育理念的改革

学校相关部门及领导以及教师等人员，在校园足球运动文化的构建过程中，要充分从思想的高度出发，对校园足球教育理念的改革予以充分的重视。这是因为只有在充分认识校园足球运动文化的前提下，才能更好地建设校园足球运动文化。因此，学校相关部门为使足球活动或竞赛得以顺利进行，学校相关部门必须在政策和经费两个方面予以充分支持。

要想实现校园足球教育理念改革的不断向前推进，其中，非常重要的内容是教材和教学方法。首先，从足球教材改革的角度出发，作为足球文化传播的重要载体的足球教材，它的选取是否合理直接影响着学生是否能对足球运动产生兴趣。在对足球教材进行选择的过程中，为充分满足学生多样化的足球需求，不仅对学生的学习能力进行处理，还要充分考虑学生具备的接受能力。其次，足球教学方法的选择，为满足不同能力学生的需要，要注意方法选择的灵活多样，使足球运动水平得到提高。

（三）促进高校内、外的足球竞赛活动的开展

关于促使校园足球运动文化建设不断向前推进的重要手段，主要有学校内部的足球比赛，以及校际足球联赛等。因此，对学校内丰富的资源组织进行积极利用以及开展校园足球竞赛活动，对高校足球的发展有着非常重要的意义。首先，学校内部的足球比赛，可以使学生的业余文化生活得到丰富，可以使学生学习足球运动的兴趣得到激发，并为学生创造出一个优良的体育氛围。足球比赛的形式有很多种，因此，在开展校园足球竞赛活动的过程中，可以依据不同的参赛对象有针对性地选择不同的比赛方式，并且对校园足球运动中包含的一切积极因素进行充分的调动。在校园足球竞赛活动的开展过程中，所有工作人员都要参与其中，创造一个全校积极参与其中的校园足球运动文化氛围。此外，校际足球联赛，在资金方面，可以通过企业赞助的方式。通过比赛可以加强各校间的沟通与交流，同时还可以选拔出优秀的人才，为足球后备添砖加瓦。

第八章 现代高校足球运动的医疗卫生和营养

足球运动的特点决定着运动损伤的多发性，从而成为制约大学生足球运动发展的"绊脚石"。通过探讨高校足球运动的医疗卫生，以及如何通过调整高校足球运动员的营养摄入，解决运动员在训练和比赛中遇到的一些与营养有关的问题，以此来为高校足球的发展奠定坚实的基础。本章主要分为高校足球运动疲劳的产生与消除、高校足球运动伤病的预防与处理，以及高校足球运动的科学营养补充三部分。本章主要包括高校足球运动疲劳的生理本质和产生原因、高校足球运动员运动性疲劳的消除方法、高校足球运动损伤的预防、高校足球运动营养补充的注意事项，以及高校足球运动营养补充的误区等内容。

第一节 高校足球运动疲劳的产生与消除

一、高校足球运动疲劳的生理本质和产生原因

（一）高校足球运动疲劳的生理本质

运动疲劳是一种人的正常的生理反应。简单来讲，人的机体只要参与运动，就必然会产生能量消耗、代谢物堆积，相应地，运动疲劳也就会随之产生。但是，运动疲劳是人在保持一定时间的运动之后，在机体运动能力、身体功能方面出现暂时下降现象，因此，它对机体不存在危害性。运动损伤在某种程度上来讲，

除了是为人提供生理警告的信号之外，还是人体在保障机体方面的健康保险。在学术界的运动疲劳研究领域，运动疲劳被认为是一个具有综合性的生理过程。中枢神经系统对于机体运动疲劳的产生来说，起着重要的指导作用。运动疲劳是机体在中枢神经系统和周围组织等多方面的相互影响下，神经和感觉系统、运动系统，以及内分泌系统和内脏器官等方面组织活动下，发生的一种复杂而相互联系的变化。

人的机体在发生运动疲劳时，通常会经历两个阶段，首先，代偿性疲劳阶段。在这一阶段机体运动能力的维持，除了依靠中枢神经系统兴奋性的增强之外，还需要依赖机体其他系统紧张的活动。机体在代偿性疲劳阶段将会消耗较多的能量，相应地，运动员的每一个动作的结构也会发生变化。其次，非代偿性疲劳阶段。机体在这一阶段会发生运动能力的下降，而且这种状态对于运动员来说，是非常难以克服的。

（二）高校足球运动疲劳产生的原因

1. 机体的能量消耗

能量消耗是指机体为支持运动能力，而消耗大量能源物质，在短时间内这种消耗是无法得到及时补充的。运动员在短时间的大强度运动中，机体内的三磷酸腺苷和磷酸肌酸会发生较为明显的下降。在长时间的中等强度活动中，运动员的体内会消耗大量的糖原，还会发生血糖含量大幅度下降的状态，进而产生运动疲劳。

2. 运动能力与身体素质的变化

运动员机体各器官、系统功能对人的运动能力和身体素质有着直接影响。人的身体素质在本质上可以说是机体在肌肉工作中的状态中，人体各器官、系统的功能的一个综合反映。若是人体的各器官功能发生下降，那么，就会直接影响到人的运动能力与身体素质。例如，运动员在足球运动的过程中，发生心肺功能下降的症状，将导致运动员机体的负荷承受能力发生下降的现象，使机体发生运动疲劳，最终导致运动员的运动能力下降。

3. 代谢产物的堆积

运动员的机体在持续的足球运动过程中，将会产生大量的代谢产物，这些代谢物若是一直堆积，无法得到消除，将会对运动员的正常代谢带来不利影响，导致运动员无法持续维持运动能力，并造成运动能力下降。

4. 精神意志因素

当运动的身体疲劳在持续积累之后，若是仍然处于足球运动的状态，运动员将会产生主观的疲劳感。运动员的身体器官和系统，能够持续维持运动状态，起到指导作用的是神经系统，而随着机体神经细胞抑制过程的不断增加，导致运动员的疲劳感在主观上的感受会变得更为强烈。在这种状况下，运动员的机体还有着很大的潜力空间，能源物质也远未耗尽，这时，运动员要想使机体的运动潜能被有效激发出来，并且推迟运动疲劳的发生，有赖于运动员能够保持一个良好的情绪意志。

二、高校足球运动疲劳的分类与评定

（一）高校足球运动疲劳的分类

1. 根据疲劳发生性质的分类

（1）生理性疲劳

生理性疲劳是指机体在持续的运动过程中发生过量运动，导致运动员机体具备运动能力出现一种暂时性降低的现象。生理性疲劳多发生于各种以肌肉活动为主的训练之中，机体发生生理性疲劳的最常见表现有肌力下降、肌肉酸痛，以及发生关节僵硬等症状。

（2）心理性疲劳

心理性疲劳是一种精神性疲劳。运动员的精神以及思想，在日常生活和工作中，由持续性的负担累积而形成的机体神经能量消耗加大，最终导致机体的神经系统的工作能力发生暂时性下降。心理性疲劳常见于从事脑力活动为主的运动训练，或者在机体的工作、学习负担过重等情况中。运动员在处于心理性疲劳的状态时，其表现症状主要有在注意力方面不集中、在记忆力方面发生障碍，以及在脑力活动方面发生迟钝等。在行为改变方面，运动员的症状主要表现为动作不灵敏、失眠，以及烦躁等。

（3）病理性疲劳

病理性疲劳是疲劳中较为严重的一种，俗称为"过度疲劳"。这一疲劳是指运动员在日常生活、工作或运动中,由于机体发生持续性的大强度刺激,以及长期进行的节奏相对单调的体力或脑力活动,而形成的疲劳。病理性疲劳的症状主要包括三个方面:其一,导致机体发生身体机能和神经功能调节等方面组织功能紊乱的现象;其二,机体的各器官的组织学发生改变;其三,机体思维和活动能力发生下降。

运动员发生病理性疲劳时,其可能的发生范围是非常广的,同时,这一疲劳将会对运动员的机体产生较为严重的影响,在这种疲劳的影响下,可能会导致运动员产生厌世的消极情绪,更有甚者会发生"过劳死"。

2. 根据疲劳发生的生理学和心理学特点分类

(1)脑力性疲劳

脑力性疲劳是指人在日常生活及工作或运动中,由于受到神经高度紧张,以及脑细胞高度兴奋的影响,而导致大脑因过于活跃而能量消耗加剧,最终导致大脑的思维工作能力发生暂时性降低的现象。

(2)情绪性疲劳

情绪性疲劳是指人在日常生活及工作或运动中,在持续的体力或脑力活动中,产生了较大的精神和体力负担,并且在持续性的大精神压力,或者在高昂的情绪状态影响下,造成了大量的机体能量消耗,导致人的情绪持续处于低落状态。

(3)感觉性疲劳

感觉性疲劳是指人在日常生活及工作或运动中,在持续性的体力或脑力活动中,运动员机体的分析器在长时间的高度紧张状态,导致能量消耗持续增大,使运动员机体感觉机能,出现了暂时降低的现象。

(4)体力性疲劳

体力性疲劳是指人在日常生活及工作或运动中,由于持续发生肌肉能量消耗,甚至是能量消耗的不断加大,导致运动员机体在肌肉工作能力方面,出现暂时性降低的现象。

(二)高校足球运动疲劳的评定

教师(高校足球教练)在高校足球训练中,可以采用如下手段来对学生是否发生运动疲劳进行判断。

1. 主观感觉

运动员在足球训练的过程中，无法随时对其身体状况进行专业监控和测试，因此，在判断机体是否发生运动疲劳时，运动员的自我感觉就显得尤为重要。因此，作为足球运动员，在日常训练过程中，对于主观感觉评定疲劳方法的掌握是非常重要的。而在具体运动过程中，若是出现以下几种症状，运动员就要予以充分的重视，因为一旦出现这种状况就有可能出现了运动性疲劳。

其一，在运动员的机体方面，若是出现下肢肌肉酸沉感，并且机体动作出现迟缓，则可能出现了运动性疲劳；其二，在运动员情绪方面，若是出现精神不振、厌烦运动的症状，则可能出现了运动性疲劳；其三，在运动员的进食方面，若是出现食欲不佳、食量减少症状，则可能出现了运动性疲劳；其四，在运动员的运动训练负荷方面，若是发生排汗明显增多的症状，则可能出现了运动性疲劳；其五，在运动员睡眠方面，若是出现失眠、睡眠差的症状，则可能出现了运动性疲劳。

2. 客观指标

（1）骨骼肌指标

在足球运动中，检测学生是否发生运动型疲劳的一个重要指标就是肌肉力量。在检查时，将运动员的肌肉的绝对力量作为依据。在进行运动员是否发生运动疲劳的判断时，要对机体运动前后肌肉力量的变化，进行仔细观察。当发生肌肉疲劳时，运动员的肌肉力量将会在运动后出现明显下降，若是这种持续下降的状态没有得到及时的恢复，则说明运动员发生了肌肉疲劳。

足球训练相关人员在对运动员的疲劳进行评定时，可以通过测试运动员的下肢大腿状态来进行判定，让运动员进行肌肉硬度测试，如深蹲力量测试。当运动员的机体处于肌肉疲劳状态时，在肌肉的收缩机能、放松能力方面会出现下降的症状，并且运动员在肌肉持续处于不能充分放松的状态时，运动员在肌肉的硬度方面将会增加。

（2）心血管系统指标

这一内容是指以心率的评定方法，来对运动量的相关内容，进行控制和了解。心率恢复评定法是一种判断运动性疲劳的方法，这一评定方法的依据是基础心率、运动中心率，以及恢复期心率。

首先，在进行运动疲劳进行判断时，以训练结束后 5～10 分钟内，运动员的心率为判断依据。将测量出的具体心率与该运动员安静状态下的心率进行比较，其一，若是心率高出 6～9 次 / 分以上，就表示运动量过大；其二，若是心率高出 2～5 次 / 分，就表示运动量适度；其三，若是运动员基本恢复安静心率状态，这就说明运动量偏小。

其次，以早晨醒后静躺 1～3 分钟的晨脉为依据来对运动员是否发生运动性疲劳进行判定。运动员要自测脉搏，在得到具体数据之后，要将其与安静状态下的心率相比较。其一，若是高出 6～9 次 / 分以上，就可得知运动量过大；其二，若是高出 2～5 次 / 分，就可得知运动量是适度的；其三，若是基本恢复安静心率，就可得知运动量偏小。

三、高校足球运动疲劳的处理

（一）高校足球运动疲劳的延缓

教练员在具体足球教学课程中，要将如何延缓机体运动疲劳产生的方法，详尽地传授给学生，其教学目的是加强课堂教学效果和训练效果。而关于延缓运动疲劳的方法主要有以下几种。

1. 坚持锻炼

这一方法可以说是延缓运动疲劳的最简单方法，学生坚持体育锻炼的过程，是使其身体素质不断增强的一个过程。通过对身体机能运动训练的增加，将会使运动员的身体更加适应各种轻度的运动训练，从而，实现延迟运动员运动疲劳发生的目的。

2. 合理安排教学训练内容

足球教练员在训练的过程中，要对教学内容进行认真且合理的安排，将科学化充分融入教学管理的整个过程之中。这样做首先有助于最大限度避免学生在运动训练中，由局部负担过重而导致机体发生局部疲劳；其次，有助于最大限度避免学生的身体工作能力由过度训练而发生下降；最后，有助于减缓学生运动疲劳的产生。教练员在具体教学实践过程中，交替选择运动内容，通过这一方法来使学生的身体各部位活动负荷合理变换。

3. 发展与足球项目相适应的供能能力

这一内容是指在训练中应重视增强运动员与足球项目相适应的供能能力的

练习方法。由于各种运动项目供能具有不同的特点，这决定了相应的方法也是不同的。举例来讲，在短跑运动中，主要负责供能的是 ATP-CP 系统；在中跑运动中，主要负责供能的是乳酸能系统；在长跑运动中，主要负责供能的是有氧代谢系统。而足球这一运动项目，在综合能力要求方面是较高的，足球运动需要练习各种不同的供能系统。也就是说，要想延缓由足球运动训练而带来的疲劳，因此，要对足球训练中所需要的不同功能系统的特点有所了解，并且对足球运动供能系统的能力进行重点发展。

4. 加强心理因素

要重视高校足球运动训练在学生心理素质方面的训练，也就是意志品质的训练，这样做可以帮助学生的精神状态得到有效的改善；一方面，避免学生产生心理性疲劳；另一方面，最大限度推迟运动疲劳。

5. 合理饮食

教练员要合理安排学生的饮食营养，这样做可以使学生的身体健康得到有效增强。高校学生的运动疲劳的推迟，对改善学生体质，提高学生体内能源物质的储备有着重要意义。

（二）高校足球运动疲劳的消除

1. 改善代谢法

改善代谢法是可以有效恢复由足球运动而带来的肌肉疲劳的方法。改善代谢法能对运动员的肌肉进行放松，使运动员的肌肉血液循环得到改善，同时还能促进运动产生的代谢物加速有效排出。下面对一些改善代谢的具体方法进行叙述。

①放松与整理活动。首先，放松与整理活动是一种使机体能够消除运动疲劳，并且进行体力恢复的行之有效的方法，此外，整理活动还是一种主动恢复的手段；其次，运动后的放松与整理活动，可以帮助机体各器官系统包括呼吸系统、神经系统、以及心血管系统等，逐渐由适应运动状态，恢复到安静状态；最后，运动者消除疲劳的手段，除了可以通过慢跑和呼吸体操之外，还可以采取在运动后，适当做一些放松练习，诸如肌肉、韧带拉伸等，以此来进行疲劳消除。

②桑拿。这一方法是指通过高温干燥的环境，来促进人体的血液循环。在进行桑拿时，人会通过大量排汗来及时排出人体产生的代谢物。运动员不能在运动结束后直接进行桑拿，这样做不仅不能缓解机体疲劳，还有可能使运动员由于机体脱水而使得机体的疲劳加重。

③按摩。按摩的主要目的表现在帮助放松机体的肌肉组织：一方面，实现血液循环的改善和血管的扩张；另一方面，实现代谢产物的消除帮助机体恢复到良好状态。运动员自身对专业的按摩手法，不一定有很深的了解，但是，学习几个简单的按摩动作却是有助于帮助自己和同伴及时放松肌肉。在运动后，为使机体的疲劳得到消除，可依据疲劳程度来进行一定时间的按摩，时间一般为 30～60 分钟。

④刮痧疗法、针灸。首先，刮痧疗法。刮痧通过刺激人体的经穴的方式，来使机体的人体血液循环得到改善，并且促进机体的新陈代谢，最终使疲劳得以消除。而针灸是一种传统中医疗法，主要用于治疗不同程度的机体疲劳。针灸主要是对肌肉疲劳的位置，以穴位针刺的方法来进行消除疲劳，机体不同的疲劳位置采用的针灸方法是不同的。总的来说，针灸是一种行之有效的消除机体疲劳的手段。在进行全身疲劳的消除时，可采取针扎强壮穴足三里这一穴位的方法。

2. 理疗

理疗法，是以红外线、生物频谱仪等器械，来帮助机体的运动后疲劳得到恢复和消除。理疗的方法，能促进机体代谢、促进机体血液循环、改善血液供应，有利于机体吸收营养物质。

3. 吸氧及空气负离子疗法

吸氧不仅能促进机体的新陈代谢，还有助于体内的微循环的改善，从而达到消除疲劳的目的。足球运动员在有条件的前提下，可以通过高压氧治疗的方式，来消除疲劳。实践数据表明，在身体运动后的疲劳状态下，进入高压氧舱中进行高压氧吸入，能够有效消除机体疲劳。

4. 神经系统调节法

神经系统调节法是指通过调节中枢神经系统缓解运动疲劳的方法。首先，要降低交感神经兴奋性。其次，要增加迷走神经的兴奋性。最后，要加强机体的合成代谢功能。这些内容展开来讲主要体现为以下几种调节方法。

（1）睡眠

不管是在生活、工作，还是在运动中，睡眠都是机体能够持续保持良好状态、消除疲劳的支柱和动力。睡眠就是最好的静止性休息，保证机体可以有一个良好的睡眠质量，有助于机体疲劳的恢复。首先，最适合的睡眠时间是每天不少于8～9小时，最好能安排一定的午睡时间。此外，当运动者正处于健身时期，运动量较大时，相应地，睡眠时间可以进行适当的增加。其次，睡眠还要有一定的规律。一方面，要制订一份科学的生活作息制度，并严格遵守；另一方面，要保证睡眠时间和质量，同时，不能忽略睡眠卫生。

（2）放松练习

这一方法是指以诱导性的语言，使球员由意念来调动肢体，完成指令的组织是高级中枢系统，通过发出肌肉放松、改善呼吸，以及改善循环系统的指令，来帮助消除机体的疲劳。

（3）音乐疗法

音乐除了会刺激人的神经系统之外，还对人的心理活动有着重要的影响作用。因此，运动者在想要实现消除机体疲劳时，可以通过听音乐来实现这一目的，聆听舒缓的音乐，不仅可以放松中枢神经系统，还可以实现循环、呼吸系统以及肌肉等组织系统的调节，最终实现消除疲劳的目的。

（4）自我调节法

自我调节是一种既能起到消除疲劳作用又能起到延迟疲劳作用的手段，通过心理调节不仅可以减轻运动者的紧张情绪，还可以实现放松肌肉的目的。在心理学领域，想要实现消除疲劳需要的元素，说起来是非常简单的，温暖、舒适、安静，以及无直射阳光都是重要的元素。具体调节方法有心理暗示、幻想和"自我欺骗"等。

第二节　高校足球运动伤病的预防与处理

一、高校足球运动损伤的预防

相关研究数据表明，学生在足球训练活动中发生运动损伤的概率是比较高的，而运动损伤的发生原因，除了学生缺乏安全训练知识之外，还有就是缺乏训练过程中的自我保护意识。当前，在医学治疗领域，足球运动损伤的预防和治疗已得到了长足的发展。但是，依然无法实现运动损伤的完全修复，即使是在最先进的治疗手段的治疗下，也难免会给机体留下一些后遗症。就高校学生的运动损伤而言，最好的治疗手段无疑是预防运动损伤。为更好地预防运动损伤的发生，必须要对损伤的发病机理有一个深入的了解，并在此基础上，最大限度消除其他影响因素，预防运动损伤的发生。作为足球运动训练主体的学生要注意以下内容，来预防足球运动损伤。

（一）常见足球运动损伤的预防——运动员角度

①运动员要加强自我保护意识。首先，要掌握自我保护的方法。运动员在足球训练的过程中，不仅要防止运动中意外事故的发生，还要避免运动技术损伤的发生；其次，要学会处理运动后发生的常见症状，如肌肉酸痛、关节不适等；最后，要对运动过程中，可能会发生的损伤隐患进行及时处理。

②运动员要调整好身体机能。展开来讲就是在运动前，要做好准备工作；在训练后，不能忽视放松运动，避免由于过大的运动量而带来的运动性疲劳，使身体一直保持一个良好运动状态。

③运动员要适当安排运动量。运动员在安排运动量时，不仅要基于自身所处的健康状况和运动技术水平，还要重视选取适当的身体练习方法，来使自身的身体素质得到全面提高，预防机体局部肌肉发生过度疲劳。

④运动员要加强技术练习。在足球训练过程中，运动员不仅要做到对各种技术的正确运用，还要能在强对抗的条件下熟练地使用各种技术，并且在这一过程中必须要重视运动负荷不能过大，避免由于局部负荷过重而发生的过度疲劳。

⑤运动员在比赛及训练中，必须要严格按照相关运动员身体健康规定来进行运动。运动员要重视足球运动护具的穿戴，如穿好球袜、戴好护腿板等。

⑥运动员要做到严格遵守个人生活卫生准则，避免养成如吸烟、喝酒，以及赌博等不良嗜好。运动员要加强自我监督，关注自己在足球运动训练过程中机体的各项生理指标，包括脉搏、血压、体重，以及肺活量等。

（二）常见损伤的处理运动损伤——教师角度

①严格、科学的训练是提高各项素质、保证训练正常运行的法宝，特别是应对学生加强保护下肢关节韧带的练习。

②加强医务监督工作，即要做好运动员的定期检查工作，包括对运动员形态、功能，以及机能的检查。

③教师要重视加强学生的运动损伤防范意识。从思想的层面出发，要加强学生对于运动损伤的重视，除了要深入了解运动损伤原理之外，还要加强对运动损伤预防知识和方法的系统教学。从教学实践的角度出发，教师在训练课程中，加强对体育锻炼的一般原则的重视，教师除了要加强学生身体的全面锻炼之外，还要加强对学生在易伤部位的锻炼及在肌肉力量方面的训练。

④教练员在展开训练活动的过程中，合理安排学生的训练活动。首先，要对学生的训练内容、训练量，以及运动时长进行合理安排；其次，要合理安排训练方法。要在重视预防运动损伤的同时，重视训练的全面性、新进性，以及经常性；最后，教练员要合理地安排伤后训练。为使运动员能够保持已经获得的训练水平和机能状况，以及使运动员伤愈后，能够保持一个相对良好的状态尽快投入训练和比赛，这时，可以采用医生、教练员，以及运动员相结合的方式对训练方法、内容进行制订。

⑤赛前教练员要对运动员在心理、膳食营养等方面做到全面调控，并以此为基础来预防运动员发生运动损伤。

（三）常见运动损伤的处理——高校角度

①高校方面要重视校医务人员专业知识水平的提高，对相关治疗设备进行合理配置。校医务人员要能及时发现学生的运动损伤，在判断出学生的具体损伤状况之后，进行有针对性的解决。相关医务人员要禁止学生带伤参加训练。学校方面可以通过建立运动员个人伤病档案的方式，来针对有着陈旧病史的学生运动员进行复查，同时，还要依据学生的复查情况，提出有针对性的营养和恢复方案。

②在举办赛事时，校方首先要加强裁判工作。其次在展开比赛时，要严格执行比赛规则，针对比赛过程中出现的故意犯规现象，进行严肃处理。最后要重视足球赛事相关器材及场地的安排，务必要符合比赛和训练的要求。

③要建立起一个医生、教练员以及运动员相互学习的制度。在这一体制下由足球运动的参与者来对专项运动损伤的发病机理进行分析与研究，做到有的放矢，预防为主。

二、高校足球常见运动损伤的处理

（一）高校足球运动损伤——分类一

1. 擦伤

（1）损伤成因与症状

擦伤是指一种皮肤表层的损害伤。机体擦伤是由于与粗糙的物体发生摩擦，足球运动中运动员的快速奔跑和铲球等技术动作，都可能会造成擦伤。擦伤的症状主要表现为，损伤部位可能发生表皮剥脱以及出现组织液渗出和小出血点。

（2）损伤康复护理方法

第一，轻微擦伤。在对受伤部位进行处理时，可通过生理盐水进行清洗，在清洗过后，对受伤部位涂抹红药水或紫药水。轻微擦伤不需要对受伤部位进行包扎，只需要一周时间便可以实现痊愈。此外，在处理面部轻微擦伤时，可采用涂抹 0.1% 新洁尔灭溶液的方法来进行处理。

第二，较大面积擦伤。在针对大面积擦伤进行处理时，为防止感染的发生，处理人员应利用酒精来对运动员受伤部位进行消毒。在处理有嵌入异物的受伤部位时，处理第一步要利用生理盐水和棉球进行轻刷洗清除，第二步要对受伤部位敷撒纯三七粉或云南白药，第三步对受伤部位进行包扎。

第三，关节周围擦伤。在处理时：首先，处理者要对受伤部位及时进行清洗和消毒；其次，要对受伤部位涂抹一些药膏，如青霉素软膏等；最后，要尽量避免发生二次破损。

2. 挫伤

（1）损伤成因与症状

挫伤是指在钝性外力的作用下，导致机体部分组织发生闭合性损伤。在足球运动中的挫伤多见于四肢，症状表现为皮下淤血肿胀、疼痛等。

（2）损伤康复护理方法

第一，小面积挫伤。当发生这一类损伤时，首先要进行局部冷敷、外敷新伤药，其次要对受伤部位进行适当的加压包扎。此外，处理者还要注意抬高患肢，这样做是为了减少受伤部位出血量和减轻肿胀。

第二，股四头肌严重挫伤。这一运动类损伤严重者，可能有部分肌纤维损伤和断裂的症状，并且在伤者的机体组织内部还有可能形成血肿。面对这种挫伤要及时对伤肢进行固定，并及时送医治疗。

第三，头部、躯干部的严重挫伤。当发生这一类损伤时，要观察伤者的生命体征的具体状况，包括呼吸、脉搏等情况，若是患者发生休克的症状时，要及时对患者进行抗休克处理，然后，应让伤员保持平卧休息，同时，重视伤员的保温、止痛、止血。若是伤员发生难以忍受的疼痛，可采用注射哌替啶的方法，处理者应将伤者立即送医。

3. 拉伤

（1）损伤成因与症状

出现拉伤的除了有动作不协调的原因之外，还有准备活动不充分和运动方法不得当等原因，导致局部肌肉在运动期间，发生过度主动收缩或被动拉长。当运动员出现肌肉拉伤后症状主要表现为压痛、肿胀感等。

（2）损伤康复护理方法

首先，轻度肌肉拉伤。在足球运动中，比较常见的拉伤部位有大腿后群肌肉、小腿后群肌肉。当发生这一类损伤时，第一步处理者应对受伤部位进行冷敷；第二步处理者应采用局部加压包扎，并且还要抬高患肢的手段。当完成以上两个步骤之后，要待 24 小时，之后可通过后按摩、理疗等康复手段，帮助肌肉恢复健康状态。其次，严重肌肉拉伤。当发生这一类损伤时，需立即送医院医治。

4. 扭伤

（1）损伤成因与症状

在足球运动中，场地不平是导致运动员发生这一类损伤的主要原因。扭伤的形成原因：关节发生异常扭转，导致运动员的机体关节囊以及关节周围韧带等部位发生结构损伤。发生扭伤的主要症状有肿胀、明显压痛感等，发生扭伤可能会对运动员的关节活动产生障碍感。

（2）损伤康复护理方法

这一类损伤可分为以下五类。

第一，指关节扭伤。当发生这一类损伤时，首先，要对受伤部位进行冷敷，或者是做轻度拔伸牵引，然后，轻捏数次。其次，要将受伤指与靠近的健康手指进行固定，可以用黏膏或者胶布来完成固定。最后，要外擦舒活酒或红花油。

第二，肩关节扭伤。当发生这一类损伤时，首先，要采取冷敷和加压包扎的方法。其次，在冷敷 24 小时之后，可采用的康复治疗手段有按摩、理疗和针灸等。

第三，腰部扭伤。当发生这一类损伤时，运动者要立即停止运动。若是患者出现剧烈疼痛的症状时，要立即送医进行治疗。同样地，在患伤 24 小时后，可以通过热敷和外敷伤药的方式来进行处理，同时还可以采用按摩的方式来帮助受伤部位进行恢复。

第四，膝关节扭伤。当发生这一类损伤时，首先，要对受伤部位进行仔细检查，对受伤部位进行确定，并对受伤程度有一个初步的了解。其次，在检查膝关节内、外侧副韧带的受伤状况时，可以采用膝关节侧向运动试验的方法；在对膝关节侧向运动试验进行检查时，可通过抽屉试验的方法；在检查外侧半月板的受伤状况时，可通过麦氏试验的方法。当发生膝关节急性损伤的状况时，要立即进行冷敷。

第五，踝关节扭伤。当发生这一类损伤时，要立即用拇指压迫痛点，并且对踝关节采用强迫内翻与前抽屉试验检查法，来对韧带是否发生断裂进行判断，依据判断结果采用不同的处理手段。首先，若是判断为较微的韧带损伤，或是少部分断裂的韧带损伤时，第一步要可采用胶黏带支持固定，第二步要用弹力绷带进行包扎；其次，若是伤者的受伤程度判断为扭伤导致韧带断裂，处理者在这时要使用海绵垫来对伤者的踝关节外翻位置，使用压迫包扎的处理方法。

5. 骨折

（1）损伤成因与症状

骨折简单来讲就是一种骨骼损伤，主要是由于机体在运动过程中，直接或间接遭受到来自外界力量的撞击，而产生的骨骼损伤。发生骨折的症状，主要有明显的疼痛、肿胀等，若是发生严重骨折，主要的症状有神经损伤、发烧，甚至是发生突发性休克等现象。

（2）损伤康复护理方法

第一，骨折后无并发症者。面对这种骨折程度的患者，应采用夹板或其他代用品对伤肢进行固定的处理方法。第二，骨折导致休克者。面对这种骨折程度的患者，应对患者采取人工呼吸的处理方法。第三，骨折后伤口出血不止者。面对这种骨折程度的患者，应及时止血，并送医护理。第四，若是处理者缺乏从医经验，这时切记不可随意移动伤肢，正确的做法是应立即送医处理。

（二）高校足球运动损伤——分类二

1. 肌肉痉挛

（1）疾病成因与病症

首先，肌肉痉挛的原因，是因为足球运动的活动场地是在室外，也就是说导致学生在运动中发生肌肉痉挛的主要因素就是环境因素，尤其是在寒冷的环境下，肌肉痉挛的发生将会更加频繁。可以将肌肉痉挛简称为"抽筋"，这一类型的机体损伤是指运动者在运动过程中，由于动作不当等原因，使肌肉由于无法承受运动的压力，而产生不自主的收缩反应。当机体发生肌肉痉挛，其症状主要表现为强烈的疼痛感，肌肉痉挛还会使伤者受伤部位失去自主活动能力。

（2）疾病康复治疗方法

首先，处理者可采用牵引痉挛肌肉、掐点穴位的治疗方法，在数分钟过后，将会缓解。在进行牵引的过程中，要谨记用力要缓慢、均匀，一定不要使用暴力，否则有可能会导致肌肉被拉伤。其次，当发生大腿后群肌肉痉挛的病症时，处理者第一步要尽力伸直膝关节，这样做是为了使痉挛肌肉被拉长。第二步要在肌肉痉挛缓解后，采用按摩等手段来对伤者肌肉进行放松的治疗方法。

2. 运动中腹痛

（1）疾病成因与病症

运动中酸痛是指由运动本身引起或诱发的腹部疼痛，是运动中常见的症状，时常在运动过程中或运动结束时发生。男性的发病率高于女性，以右上腹痛为多见。运动性腹痛是指发生于运动中的急发性运动疾病。运动性腹痛的症状通常只表现为腹痛，不带有其他特异症状。就个别运动者来说，有可能会发生一些并发症状，例如无力、胸闷和下肢发沉等。

（2）疾病康复治疗方法

处理者在展开具体治疗前，要了解腹痛的性质、部位，了解疾病的发生是否与运动相关，并且还要判断导致腹痛的产生原因，究竟是病理性腹痛还是由运动导致。一旦运动者发生运动性腹痛，应采用的手段：要立即降低负荷强度和速度，同时，还要在调整呼吸和动作节奏后，通过按压疼痛部位的方式进行处理，也可采用口服药物的治疗方法，这类药物有阿托品、十滴水等。另外，还可采用按压穴位的方法，如按压掐内关、足三里、三阴交等。在这三种治疗措施无明显治疗效果时，应及时送医。在对病理性腹痛进行处理时，应依据原发疾病的具体实际情况，采取有针对性的治疗措施，将患者及时送往医院进行专业治疗。

3. 运动性昏厥

（1）疾病成因与病症

运动性昏厥是指运动者在运动期间出现突发性的、暂时性的机体知觉和行动能力丧失。运动性昏厥的病征主要变现为，患者在昏厥前出现头昏、全身无力、眼前发黑等症状。昏厥是指暂时性心供血不足或血中化学物质变化所致的意识短暂紊乱或丧失，也是运动应激综合征的一种表现形式。昏厥发生时，大多数表现为突然晕倒，短时间意识丧失，而各种反射依然存在。

（2）疾病康复治疗方法

第一，昏厥程度较轻，应在患者昏倒片刻后，患者的机体在脑贫血消除后自主清醒；第二，昏厥不醒的患者，在这时，应使患者平卧。然后，对患者进行松解衣带、热毛巾擦脸处理。再有，处理者要对患者采取的处理手段包括下肢向心性推摩或揉捏。最后，处理者可通过掐患者穴位的方法进行处理；第三，针对昏厥患者昏迷未恢复知觉的现象，这时，不应该给患者食物，而是应该等到患者清醒过后，可给其热饮或少量食物，同时，还要注意休息。

4. 中暑

（1）疾病成因与病症

在足球运动中，运动员经常会在夏季比较炎热的户外环境中，进行长时间的运动，机体将会由大量运动而产生运动热，并且会大量排汗，一旦超出身体散热的承受极限，就会导致以体温调节中枢功能障碍、汗腺功能衰竭以及水、电解质丢失过多为特点的疾病。运动性中暑是近年来提出的运动性疾病之一，是指肌肉运动时产生的热，超过身体散发的热而造成运动员体内的过热状态。运动性中暑常在高温、高湿和通风不良的环境中进行运动时发生，属于一种急性的物理病因疾病。中暑的症状主要表现为眩晕感、呼吸不畅以及注意力降低等，严重中暑的患者症状还有可能表现为昏迷、休克。

（2）疾病康复治疗方法

处理者要对患者进行降温处理。具体步骤：第一步将患者移到凉爽、通风处；第二步使患者平卧休息，同时注意将患者头部垫高；第三步松解患者衣服，对患者进行降温处理，可以采用的手段有冰袋冷敷、酒精擦身等。另外，对出现中暑昏迷的患者，应及时送医治疗。

5. 运动性贫血

（1）疾病成因与病症

由于足球运动有着较大的训练量，机体为维持运动能力，蛋白质和铁的需求量较大，并且在运动过程中，机体的血流速度较快，较容易引起红细胞破裂。此外，有的运动员还存在偏食的现象，这些都能导致运动性贫血的发生。运动者在运动过程中发生运动性贫血的表现主要有眩晕感，注意力难以集中以及易疲劳。

（2）疾病康复治疗方法

第一，高校学生在进行足球训练时，为避免过度训练的发生，要注意合理安排运动量和强度。第二，运动员在运动期间，要重视蛋白质、铁质元素营养的补充。此外，还可以服用抗贫血药物，以此来达到治疗的目的。

6. 脑震荡

（1）损伤成因与症状

在足球运动中由于头部受到外力打击或撞击后，将会损伤大脑管理平衡的感觉器官，导致患者出现头痛、头晕，以及失眠和记忆力减退等症状。

（2）损伤康复护理方法

第一，轻者。面对脑震荡程度较轻的患者，应立即让患者平卧，并冷敷患者头部。第二，重者。主要症状为耳鼻口出血、瞳孔放大。在这时要立即将患者护送医院治疗。第三，恢复期。处理者保持情绪稳定，并减少脑力劳动。为避免脑震荡的发生，要加强患者头部的自我保护意识，教授他们以正确的技术动作。

第三节 高校足球运动的科学营养补充

一、高校足球运动的营养消耗

（一）糖的消耗

在足球运动中，人的身体需要糖类为其运动提供热能。运动员能否高质量地完成训练任务和训练强度会受到糖类利用程度的直接影响。在其他运动项目中，人体的重要能量来源物质就是糖类。对于人体运动和人体的正常生长来说，糖类具有以下几点生理功能。

①人体的基本活动需要的物质能量主要由糖类提供。如果人体不能得到足够的糖类摄入，人体的新陈代谢速度将会下降。

②人体组织需要糖类，糖类在组成人体组织的物质中发挥着非常重要的作用，是人体不可或缺的一种物质。

③糖类在人体中具有抗生酮作用。在人体不能得到足够多的糖类时，人体将不能进行氧化，由于人体的脂肪酸会产生酮体，人体内积累大量的酮体后会导致人体酸中毒。

④人体内的糖类有节约蛋白质的作用。人体运动与糖类之间的关系十分密切，人体吸收糖类后将其转化为人体活动需要的能量。科学研究显示，运动者体内糖原贮备量与运动能力二者之间是呈正比的。若是运动者在运动的过程中，机体内糖原贮备不断减少，那么在维持运动状态下的机体无法得到充足的能量补充，长时间不休息的运动会降低人体的耐久力。通常来说，在进行中等强度的运动健身时，运动状态下的运动者肌肉摄糖量，相较于安静状态下运动者肌肉摄糖量要高出 20 倍以上。运动后的机体由于糖原被大量消耗，这时为帮助机体糖原贮量的恢复，可以通过补糖的方法来实现。在参加运动前和运动过程中摄入糖类会弥补人体糖类的消耗，从而保证糖类的储存。

（二）水的消耗

与其他运动项目相比，足球的运动时间比较长，运动强度大，为了调节人体的体温，参与者在参加足球运动的过程中会排出大量的汗液。因此，参与者在足球运动中会消耗大量的水。与此同时，足球运动的运动场地一般在室外，参与者的排汗量会受到运动环境的影响。

水——这一人体不可缺少的成分，占人体体重的 50%～70%，由此可知，人体内存在着大量的水，机体的水环境是机体内吸收、运输营养的重要场所。人体在参加运动时会排出大量的汗液。汗液的排出就是人体在运动中对水的主要消耗方式。对于人体来说，排汗有重要作用，如调节人体的体温使人体保持体热平衡。在足球运动中，排汗量受到多种因素的影响，借助于身体活动，人体会排出大量的汗液。气温、气压、辐射量、饮食情况都会影响排汗量。

（三）热量的消耗

在高校足球运动教学活动或足球竞赛中，学生的运动强度非常大，而且是无氧运动，在这种情况下，学生的热量消耗是平静时的 10 倍。在静止时，学生的热量消耗是 0.07～0.3 千卡，但在足球训练中学生的热量消耗是每分钟消耗 3 千卡的热量，甚至更多。

（四）蛋白质的消耗

生命的重要物质基础之一就是蛋白质，蛋白质不仅是人体进行机体生长的材料，还对于更新和修复人体的身体组织有重要作用。学生在进行足球运动时，人体的蛋白质分解和合成的速度更快，但蛋白质的消耗也更大。如果蛋白质供应不足，人体会出现一些蛋白质症状，从而降低人体的免疫力。与此同时，会削弱人体的应激能力和运动能力。因此，保持蛋白质的体内平衡对于维持人体的正常生理活动来说非常重要。参加体育运动会导致人体消耗大量的蛋白质。

人体在进行运动健身时，体内的蛋白质代谢情况将会发生变化，运动项目由于运动强度和运动量不同会对蛋白质的消耗有不同的影响。首先，在进行耐力性运动时，人体对蛋白质的分解速度将会加强，同时，蛋白质的合成速度将会减慢。其次，力量性的运动对蛋白质分解能力的要求非常高，除了可以发现肌肉体积增大之外，还可以发现肌肉力量也得到了增强。运动者在运动过程中，由蛋白质分解所提供的能量，相较于糖类和脂肪所提供的能量来说，是只占少数的。

（五）维生素的消耗

维生素对于调节人体的生理机能有重要作用，学生参加足球运动时，身体的能量代谢非常大，人体需要大量的维生素。维生素对于机体的作用主要体现在两个方面，一是调节和维持机体的正常代谢，二是促进生长发育。脂溶性维生素和水溶性维生素，是维生素的两种分类。人体参加体育运动后，体内的维生素代谢会发生改变。在运动期间，能源物质被消耗掉，人体的物质代谢速度会加快，维生素在人体内快速地新陈代谢。因此，人体对维生素的需求也会增大。运动者对维生素的需求：一方面，在进行剧烈运动时，机体内维生素将会快速消耗，这就会导致人体提前发生维生素缺乏症；另一方面，长期运动锻炼者，在维生素的耐受力方面相对较差。当发生这两种状况时，要及时补充维生素。

（六）矿物质和微量元素的消耗

在参加足球运动时，人体内的矿物质和微量元素都会发生变化。足球运动的运动强度和运动量非常大，人体内的钾、磷和氯化钠等微量元素的排出量会降低，但钙的排出量增加。在人体适应了足球运动的运动强度后，人体内的矿物质的变化幅度会降低。在运动过程中，人体的生理活性比精致状态的生理活性更加活跃，运动者在运动过程中，体内的矿物质和微量元素代谢，在不同的运动程度下，其所产生的变化也是不同的。

二、高校足球运动营养补充的要求

（一）要延缓和减轻学生疲劳

人体在足球运动中感到疲劳的原因主要有以下三点。

①在足球运动中，如果人体处于脱水状态，人体的体温调节受到阻碍，人体的体温会升高。

②在足球运动中，由于足球运动的运动量非常大，人体的肌肉产生大量的乳酸，这些物质会堆积在体内。

③参加运动后，人体的电解质平衡可能会失调，从而使身体发生代谢紊乱，导致体内的能量物质消耗尽。

要想将学生的身体维持在一个较好的状态，延缓由于足球训练而带来的疲劳，或者是使学生的疲劳程度降低，这就需要格外重视学生的营养补充，不仅要格外重视如何补充才能有效缓解，还要重点考虑如何减轻自身的运动疲劳。

（二）要为学生提供适宜的能量

足球运动得以正常进行的基础就是能量的消耗，但是，人体所能提供的快速功能储备并不是无限的，而是非常有限的。运动者运动期间，在不及时补充糖的状况下，持续进行运动，这时，运动中机体所消耗的就是体内贮备的糖原。运动者若是长期处于消耗体内糖原贮备的状态下，将会造成糖原枯竭，更有甚者会由于糖原的严重枯竭，而带来致命的伤害。因此，学生应严格控制自身体重和体脂。

（三）要为学生防止运动损伤提供保证

学生在进行足球运动时，发生运动损伤是非常常见的，就其内在原因而言，是由于人体内的能量物质水平降低。在运动过程中，人体内肌肉中的糖原消耗完毕时肌肉会产生疲劳感，人体在改正不规范的动作时会损害人体的运动能力，人体受到运动损伤的概率更大，这意味着在对高校学生进行营养补充时，非常有必要重视糖原物质的补充，这样能够有效避免在运动中发生运动损伤。

三、高校足球运动营养补充的方法

（一）运动前期的营养调整

①在参加足球运动之前，要积极调整饮食结构，通过饮食补充人体的糖原、维生素和无机盐。这种做法能提高人体内的能量物质的储备，不仅有助于提高学生的速度，还有助于提高学生的耐力。

②足球运动前，要适当减少热量的摄入。人体在运动前期，身体的运动量降低，人体的能量消耗也更少，这种情况下不能吸收大量的营养，因此要在饮食中调整热量。

③足球运动前，要重视对高校学生蛋白质和脂肪等酸性食物的补充，但是，一定要注意不能过量。因此，在这一时期，要重视机体水果、蔬菜，以及豆类等碱性食物的补充。

④足球运动前10天左右，可以对学生适当增加维生素的补充量，如维生素A及B族维生素。通过对维生素的补充可以使机体的工作能力得到提高，但是，需要注意的是在短期内对维生素进行补充，其所能发挥的作用并不明显，因此，要尽早补充。

（二）运动前一餐的饮食

对于运动员来说，参加运动前的饮食非常重要，但不同运动员的身体素质是不同的，不同的人在运动中有不同的需求。因此，运动前的饮食需要运动员根据自己的身体素质和能量需求进行调整。在心理情绪方面，运动员在运动前可能会出现运动紧张的现象。这就需要使用正确的手段排遣自己的情绪。在身体的机能方面，人在运动前会出现胃部血液流量减少，胃酸的分泌增多的现象，甚至有人会有恶心的现象，这就需要在保持饮食营养均衡的前提下调整饮食。

在进行运动前一餐的配餐时，需要遵循的原则：运动员在进行自己习惯食物的选择时，要保证能量的供应；在运动前人体要储存大量的水分；在运动前要提前进餐。

（三）运动中的营养补充

参加足球运动时，人体可以通过果汁或维生素含量高的饮料补充身体在运动中需要的能量。首先，如果在气温较低的天气或感到饥饿的情况下运动，可以在运动的间隙补充葡萄糖饮料；其次，运动员在参加足球运动时由于运动强度大，会排出大量的汗液和尿液，红细胞比容和血红蛋白水平升高。在这种情况下，人体需要摄入糖、电解质等能量物质。

（四）运动后的营养补充

在参加完足球运动后，高校学生机体热量消耗较为严重。因此，在运动结束后对学生进行营养补充时，要重视增加热量的供给量。作为足球运动主要供能物质的糖，在运动结束后，机体含有的糖浓度会发生明显下降，这意味着在运动后增加糖的补充有着十分重要的意义。适当糖量的补充，有助于处于疲劳状态的肌肉恢复到正常状态。

在高校足球运动结束后，机体在大量排汗的影响下处于缺水状态，这时，水的补充就显得尤为重要。采用喝水的方式进行补充，要注意适当，即饮用量要适当。选择运动性饮料进行补液的方式，这一方式的优点在于补水的同时，还可以对运动者体内消耗的维生素和矿物质进行补充。要注重合理补充维生素，运动者要格外重视对机体在运动时的维生素消耗进行补充，而对于机体来说最好的补充方式，就是从天然食物中摄取。

四、高校足球运动营养补充的误区

（一）误区一：体液补充的不科学性

高校学生在足球运动中，运动量较大将会引起大量出汗，而多数学生不会立刻补充水分，而是在运动后才进行补充。研究表明，随着运动的进行，人体内的水分逐渐流失，这将会使机体的血容量下降，相应地，心脏的负担也就不断增大，机体体液流失到一定程度时，将会对机体的运动能力产生一定的影响。若是高校学生对如何科学补充水分没有一个清楚的认识，只简单地认为口渴了才需要补水，那么一旦机体体液缺乏达到体重的2%～3%，这时就会对身体的运动能力带来较大的损害。因此，学生必须要具备科学补充水分的知识，以保持体内水分的充足，并且学生在对体液进行补充时，应适当补充矿物质、维生素以及碳水化合物。

（二）误区二：忽略微量营养素的补充

持续进行足球训练的学生，在营养补充的膳食结构上，往往会陷入只要吃了高脂肪、高蛋白的食品，就代表着运动员自身的营养得到了补充的误区。在营养补充的过程中，若是没有注意适度与适量原则，而补充了宏量营养素，将会导致机体摄入过多的脂肪和蛋白质，不仅不能起到促进学生运动能力发展的作用，还会起到负面作用。高校学生摄入蛋白质和脂肪的量过多，将会造成机体内脏的负担增大，这样一来，就会给机体对其他营养素的吸收带来不利影响。多数学生对微量营养素的相关知识没有一个清楚的认识，因此，他们并不知道怎样有效地补充体内所需微量营养素，胡乱补充反而会造成宏量营养素的过剩，不利于学生的身体健康。

（三）误区三：过于注重营养品的补充

高校学生在很多不正确的、营养补品广告夸大宣传的思想影响下，产生了要想补充体内营养，只需要补充这些营养品就行了的错误想法，也就是进入了吃药代替食物的误区。实际上，就机体而言，营养补品只能提供一小部分营养素，这种形式的营养素补充，只适用于缺乏某些营养素的人。而补药的作用，只是调整提高某些生理功能。人体对营养的需要，单纯的摄入营养补品是完全错误的思想，因此，运动员需要在平常饮食中进行全面营养的补充。

参考文献

[1] 门延华. 高校足球运动教学与训练 [M]. 北京：光明日报出版社，2016.

[2] 周雷，董海宇. 足球运动 [M]. 杭州：浙江大学出版社，2017.

[3] 邵源，廖勇胜. 足球运动教学与训练研究 [M]. 北京：中国戏剧出版社，2017.

[4] 张冬. 校园足球教学与训练研究 [M]. 北京：九州出版社，2017.

[5] 王鲁平. 现代足球发展理念与系统训练 [M]. 北京：中国书籍出版社，2017.

[6] 冯蕴中. 改革背景下校园足球运动的可持续发展研究 [M]. 长春：吉林大学出版社，2017.

[7] 车岳峰. 现代高校足球运动理论与技战术技巧研究 [M]. 北京：中国纺织出版社，2018.

[8] 于天博，杨旭东，程鹏. 大学生足球运动训练与实战技巧详解 [M]. 北京：中国纺织出版社，2018.

[9] 邵源，李小华. 高校足球运动开展与校园文化建设的耦合研究 [M]. 北京：中国戏剧出版社，2018.

[10] 汤力，雍强，石宝华. 高校球类运动教学科学理论与实践研究 [M]. 北京：九州出版社，2018.

[11] 文智. 足球教学训练实践 [M]. 北京：光明日报出版社，2016.

[12] 张廷安，徐鹏，肖辉. 足球技术教学与训练 [M]. 北京：北京体育大学出版社，2018.

[13] 张彦斌，易彬全，李明泽. 学校足球运动课程教学设计与改革研究 [M]. 北京：中国纺织出版社，2018.

[14] 王松. 现代足球运动的可持续发展研究与教学创新思路探索 [M]. 北京：九州出版社，2018.

[15] 王居海. 现代足球运动价值分析与科学发展研究 [M]. 北京：中国商业出版社，2018.

[16] 林宏牛. 普通高校足球俱乐部教学原则与教学方法初探 [J]. 黄山学院学报，2018，20（5）.

[17] 王堃，张万欣，孙旭静，等. 高校足球教学中足球意识的培养 [J]. 当代体育科技，2018，8（28）.

[18] 柴健，陈圣贤. 高校足球训练理念的管理与实践 [J]. 产业与科技论坛，2018，17（24）.

[19] 宫金涛. 高校足球教学的现状分析与创新方法 [J]. 当代体育科技，2018，8（34）.

[20] 周建军. 高校足球课堂教学方法的研究 [J]. 体育科技，2018，39（5）.

[21] 倪磊. 新课标下的高校足球教学改革和创新研究 [J]. 体育科技，2018，39（6）.